Inhalt

- 5 **Vorwort**
- 17 **Die „Neue Stadt"**
- 21 **Die Heuschrecken übernehmen**
- 24 **Die Verwahrlosung**
- 28 **Die Menschen**
- 33 **Zwangsverwaltung! Zwangsversteigerung?**
- 37 **Kaufpläne**
- 41 **Die Kleinaktionäre**
- 45 **Die Betrauung**
- 47 **Der Kaufvertrag**
- 51 **Die Sonderprüfung**
- 54 **Der Abschlussbericht**
- 56 **Chorweiler ist schön**

Stimmen
- 63 **Axel Augustin, Kleinaktionär**
- 66 **Christos Daglianakis, Zwangsverwalter**
- 69 **Sigrid Heidt, Sozialarbeiterin**
- 71 **Maria Moldovanov, Anwohnerin**
- 74 **Jochen Ott, GAG-Aufsichtsratsvorsitzender**
- 77 **Albert Sahle, Wohnungsunternehmer**

- 81 **Chronik**
- 94 **Nachwort**

Vorwort

Im Jahr 2005 gerieten 1.211 Wohnungen im Kölner Stadtteil Chorweiler unter Zwangsverwaltung. Jahrelang hatte man den Bestand verkommen lassen, die Häuser und ihr Umfeld waren verwahrlost. Nun drohte eine Zwangsversteigerung und damit die Gefahr der Übernahme durch eine „Heuschrecke" – ein Immobilienunternehmen, das lediglich die Miete abschöpft, ohne sich um die Instandhaltung oder gar Sanierung zu kümmern.

Chorweiler galt seinerzeit schon lange als Problemviertel. Ein weiterer Verfall der 1.211 Wohnungen wäre für die Kommune zur Belastung geworden. Deshalb reiften bei der Stadt Köln bald erste Pläne, den Bestand selbst zu erwerben. Der Weg wurde ein langer. Ein mittlerer zweistelliger Millionenbetrag musste bewegt werden, um die Sache ins Rollen zu bringen. Juristische Winkelzüge waren vonnöten, um jeweils um die nächste Ecke zu kommen. Aber das Vorhaben führte zum Erfolg: 17 Jahre nach Einleitung der Zwangsverwaltung war die letzte Akte gewälzt, das letzte Urteil gefällt. Die städtische Wohnungsbaugesellschaft GAG wurde zur neuen Eigentümerin der Hochhäuser.

Ablauf und Verfahren dieses Ankaufs sind in dieser Größenordnung einzigartig in der Geschichte der Bundesrepublik. Zum ersten Mal ist es einer Kommune gelungen, in der Wohnungswirtschaft ein derart kapitales Projekt zu stemmen. Es könnte als Vorbild dafür dienen, wie man sozialen Wohnungsbau wirklich sozial verwaltet und unter schwierigen Bedingungen menschenwürdigen Wohnraum erhält.

1.211 Wohnungen, eine Geschichte: Dieses Buch zeichnet sie nach – so holprig und verschlungen, wie sie war.

Bernd Imgrund
1211 Wohnungen
Wie Chorweiler vor den Heuschrecken gerettet wurde

Greven Verlag

Die „Neue Stadt"

Im September 1917 ist Konrad Adenauer (1876–1967) zum Kölner Oberbürgermeister gewählt worden. Der zu jenem Zeitpunkt jüngste OB einer deutschen Großstadt hat eine Vision. Köln, seine Heimat, wird wachsen, aber es mangelt an Raum. Um „Landreserven" für die Zukunft anzulegen, lässt er bäuerlich geprägte Ländereien im linksrheinischen Norden eingemeinden. So kommt im Jahr 1922 die damalige Bürgermeisterei Worringen zu Köln und mit ihr die Dörfer Merkenich, Feldkassel, Rheinkassel, Kasselberg, Langel, Fühlingen, Thenhoven, Roggendorf und Weiler. Wer sie in dieser Reihenfolge besucht, fährt einmal rund um das, was heute Chorweiler heißt.

Adenauer hat sich für seine Pläne frühzeitig nach Unterstützern umgesehen. Friedrich Wilhelm „Fritz" Schumacher (1869–1947) ist seinerzeit eigentlich Baudirektor in Hamburg. Aber er hat auch den Kölner Wettbewerb zur Umgestaltung der preußischen Festungswerke in einen Grüngürtel gewonnen. Adenauer eist ihn aus seinem Vertrag los und macht ihn ab 1920 für drei Jahre zum Kölner Stadtbaumeister. Der einstige Militärgürtel mutiert zu Kölns grüner Lunge, wie wir sie heute kennen. Aber nicht nur das. Im Auftrag des OB entwirft Schumacher einen Generalsiedlungsplan für Köln. Die „Neue Stadt", wie man das Projekt tauft, soll auf dem Gebiet des frisch hinzugewonnenen Landes im Norden entstehen.

Zunächst wird jedoch nichts daraus. Inflation, Wirtschaftskrisen und die Wirren der Weimarer Republik verhindern die Umsetzung der Pläne. Am 13. März 1933 wird Konrad Adenauer von den Nationalsozialisten aus dem Amt gejagt. Aufgeschoben heißt in diesem Fall allerdings nicht aufgehoben: Die Neue Stadt sollte Wirklichkeit werden – in der Nachkriegszeit.

„Urbanität durch Dichte"

Der Zweite Weltkrieg hat massenhaft Wohnraum vernichtet. Die deutschen Innenstädte liegen in Trümmern. Dagebliebene und Heimkehrer suchen nach einem Dach über dem Kopf, hinzu kommen rund 14 Millionen Flüchtlinge und Vertriebene. Es ist an der Zeit, Ideen wie die Fritz Schumachers wieder auszugraben. Der Ruf nach der Neuen Stadt hallt durch die Büros der Stadtplaner. An den Rändern der Metropolen sucht man nach grünen Wiesen, um dort Wohnraum zu schaffen.

Ab den 1950er Jahren entstehen auch in Köln zahlreiche Großsiedlungen, etwa in Bocklemünd/Mengenich, Buchheim, Vingst und Ostheim. Aber auch auf Konrad Adenauers Landreserven aus den 1920er Jahren greift man zurück. 1957 wird die „Neue Stadt Köln-Chorweiler" ausgerufen. Auf wenigen Hektar Fläche soll ein Stadtteil für bis zu 100.000 Menschen entstehen. „Urbanität durch Dichte" heißt das Stichwort. Wo es an Raum in der Ebene mangelt, strebt man nach „vertikaler Verdichtung", sprich: nach oben. Hochhäuser sollen ihren Bewohnern ein funktionales, auf die alltäglichen Pflichten und Bedürfnisse ausgerichtetes Leben ermöglichen. Kurze Wege von der Wohnung zur Arbeitsstelle, zum Einkauf, zu Freizeit- und sozialen Einrichtungen – das ist der Plan.

In den 1960er Jahren wachsen deshalb neue Wohngebiete in Seeberg, Heimersdorf und Volkhoven aus dem Acker. Um 1970 dann wird das Zentrum der Neuen Stadt in Angriff genommen. Bekannte Architekten wie Gottfried Böhm, Hans Schilling und Oswald Mathias Ungers beteiligen sich an der Planung. In Chorweiler entstehen in bis zu 24-stöckigen Wohnblocks rund 6.200 Wohnungen. Rund um den Pariser Platz werden Bezirksrathaus, Kirche und Einkaufszentrum platziert. Das „City-Center" öffnet 1976 seine Pforten – mit 28.000 Quadratmetern Verkaufsfläche, ein Kino inklusive. Getreu dem Nachkriegsmotto von der „autogerechten Stadt" ist Chorweiler großzügig mit Parkhäusern ausgestattet, zudem entstehen für die Pendler und als Anbindung an die Innenstadt ein S- und Stadtbahnanschluss. In unmittelbarer Nähe ihrer Wohnung finden die Neu-Kölner Kindergärten, Schulen und Altenzentren, und auch die Freizeitgestaltung kommt nicht zu kurz: Es gibt Spiel- und Sportplätze, Kleingärten und ab Ende der 1980er Jahre den 6,5 Hektar großen Olof-Palme-Park. 1991 öffnet zudem das Spaßbad „Aqualand" im Westen Chorweilers seine Pforten.

1972 sind die ersten Bewohner in die größte Plattensiedlung Nordrhein-Westfalens gezogen. In den Pioniertagen werden die Häuser rund um den Pariser Platz noch sorgfältig gewartet. Alte Anwohner erinnern sich an gepflegte Eingangsbereiche und Flure, in die nur gelangte, wer sich bei einem Pförtner anmeldete. Alles bereitet für ein glückliches Leben, könnte man meinen. Aber recht schnell zeigen sich Risse in der scheinbar so perfekten Neuen Stadt. Was als visionäres städtebauliches und soziales Modell geplant war, beginnt zu bröckeln. Schon zu Beginn der 1980er Jahre stehen in Chorweiler zahlreiche Wohnungen leer. Die Gründe dafür sind vielfältig. Zum einen ist es nicht gelungen, den Mittelstand in das neue Veedel zu locken. Pläne für Bürobauten wurden fallen gelassen, die hehre Idee vom „Leben und Arbeiten" blieb auf der Strecke. Handwerker und Facharbeiter sind in Einfamilienhäuser im Grünen gezogen, sobald sie es sich leisten konnten. Auch die sanierten Altbauten in der Innenstadt werden seinerzeit beliebt. In Chorweiler bleiben nur diejenigen, die keine höheren Mieten bezahlen können. Ihre neuen Nachbarn werden „Problemfamilien", denen das Sozialamt den leerstehenden Wohnraum zuweist. Die soziale Segregation verfestigt sich – Chorweiler wird von einem zunächst rein geografischen auch zu einem sozialen Randgebiet. Der Stadtsoziologe und Professor an der Universität Köln Jürgen Friedrichs (1938–2019) schreibt in seinem Buch „Leben in benachteiligten Wohngebieten": „Eigentlich hätte man in den 80er Jahren, als der Leerstand einsetzte, einen Teil der Siedlung in Chorweiler abreißen sollen."

Neue Heimat: Wie verlockend das klang

Mit der Gesamtplanung und dem Bau des neuen Stadtteils hat der Kölner Rat den Wohnungsbaukonzern Neue Heimat betraut. Dieser Ableger des Deutschen Gewerkschaftsbunds (DGB) ist, wie Chorweiler selbst, ein Kind des Wirtschaftswunders. Die Neue Heimat wurde zwar schon 1926 gegründet, aber ihre Hochphase erlebt sie ab den 1950er Jahren. Das Unternehmen, einst zuständig für überschaubare Arbeiterviertel, steigt deutschlandweit in den Bau von

Großsiedlungen ein. Bis Ende der 1950er Jahre klettert der Wohnungsbestand der Neuen Heimat auf mehr als 100.000 Einheiten. Auf dem Höhepunkt der Macht, Anfang der 1970er Jahre, herrscht sie über mehr als 100 Tochterunternehmen im In- und Ausland. Fast 6.000 Beschäftigte erwirtschaften einen Umsatz von 6,4 Milliarden DM.

Doch 1973 erlebt die Welt die erste Ölkrise. Auch die Neue Heimat ist massiv betroffen vom enormen Preisanstieg bei gleichzeitiger Drosselung der Fördermengen durch die Organisation erdölexportierender Länder (OPEC). Anstatt nun vorsichtiger zu agieren, bläst Vorstandsboss Albert Vietor jedoch noch stärker ins Horn. Auf allen Ebenen werden die Geschäfte forciert, plötzlich hat man auch große Hotels, Hochschulen und Krankenhäuser im Programm. „Bei uns können Sie eine ganze Stadt bestellen", heißt es bei der Neuen Heimat vollmundig.

Aber der Fisch stinkt vom Kopf her. Am 8. Februar 1982 berichtet der *Spiegel* von Korruption im als „gemeinnützig" gegründeten Konzern. Mehrere Vorstände rund um Chef Albert Vietor haben sich auf Kosten der Mieter und des DGB maßlos bereichert. Mithilfe von Scheinfirmen hat man sich lukrative Aufträge zugeschanzt und die Bauverträge manipuliert. Zur Korruption kam das Missmanagement. Die durch den Bericht ausgelösten Nachforschungen offenbaren einen Verlust von rund 750 Millionen DM. Die Tage der Neuen Heimat sind nun gezählt. 1986 setzt der Bundestag einen Untersuchungsausschuss ein, der Konzern wird abgewickelt. Auch für Chorweiler sind die Folgen verheerend.

Die Heuschrecken übernehmen

Die Immobilien der untergegangenen Neuen Heimat werden meistbietend verkauft. Tausende Wohnungen, einst entstanden im Rahmen des sozialen Wohnungsbaus, verkommen zu Spekulationsobjekten privater Investoren. Auch in Chorweiler kommen sogenannte Heuschrecken zum Zug. Den Begriff prägte der einstige SPD-Vorsitzende Franz Müntefering für besonders skrupellose Investoren. Ihr Geschäftsmodell liegt voll im Trend. Private Investoren lieben Sozialbauten, denn die bringen viel Geld. Weil die allermeisten Bewohner Transfergelder beziehen, sind die Mieteinnahmen gesichert – sie kommen ja vom Amt. Der langjährige Kölner Wohnungsamtsleiter Michael Schleicher spricht – in Anlehnung an die Regelungen zum Arbeitslosengeld im Sozialgesetzbuch II – vom „Geschäftsmodell-SGB II": Kaufen – Nichts investieren – Miete kassieren – Wieder abstoßen.

Wirklich wehren können sich weder die Behörden noch die Bewohner gegen solche Praktiken. Die Menschen in sozialen Problemvierteln sind einiges gewohnt und beschweren sich normalerweise nicht. Denn wer als Asylbewerber, Arbeitsloser oder Geringverdiener den Mund zu weit aufmacht, riskiert seine Wohnung. Warum sich in einen aussichtslosen Kampf gegen eine anonyme Krake stürzen und womöglich auf der Straße landen?!

Vor allem in Chorweiler und in der Hochhaussiedlung Porz-Finkenberg kaufen private Investoren ab Ende der 1980er Jahre massenhaft Wohnungen der Neuen Heimat auf – unterstützt durch öffentliche Darlehen. In der Regel sind es die landeseigene NRW.Bank und/oder die Stadtsparkasse Köln (seit 2005: Sparkasse KölnBonn), die den Kauf finanzieren. Weil sich Heuschrecken nicht für den Bestand, sondern ausschließlich für den Gewinn interessieren, sind solche Eigentumsverhältnisse selten von Dauer. Mit jedem Wechsel lässt das Engagement der Eigentümer nach. Wie es den dort lebenden Menschen geht, spielt keine Rolle. Die Folgen solcher Deals sind absehbar. Wo die Heuschrecken regieren, reicht der öffentliche Arm nicht hin. Die Wohnungen, die Häuser und ihr Umfeld verwahrlosen. „Physical disorder ist auch eine Folge unterlassener Investitionen privater Wohnungsbaugesellschaften", schreibt der Soziologe Sebastian Kurtenbach. Für seine Doktorarbeit „Leben in herausfordernden Wohngebieten. Das Beispiel Köln-Chorweiler" hat er 2014 drei Monate im Viertel gelebt.

In Chorweiler wird Monopoly gespielt. Im Jahr 1998 gehen rund 1.200 Wohnungen an eine vermeintlich solvente Immobilienunternehmerin aus Syke bei Bremen: Marietta Bergstedt (1938–2019). Auf einen Schlag gelangen knapp 80.000 Quadratmeter Wohnraum in ihren Besitz. Hinzu kommen umfangreiche Aufkäufe in Finkenberg. Wie in den anderen Fällen wird die Kaufsumme nicht bar bezahlt, sondern über Banken finanziert. Da die Wohnungen größtenteils öffentlich gefördert werden, ist nun die Stadtsparkasse Köln im ersten Rang, die NRW.Bank im zweiten Rang im Grundbuch eingetragen. Die beiden öffentlich-rechtlichen Unternehmen werden damit zu den Haupt-Grundschuldgläubigern. Dass das Imperium der Marietta Bergstedt längst wackelt, scheint dort niemand bemerkt zu haben. Schon 2001, so später ihre Anwälte, gerät die Unternehmerin in „Liquiditätsschwierigkeiten". Vier Jahre später ist sie bankrott.

Wie es dazu kommen konnte, ist schwer zu verstehen. Schließlich hat auch Marietta Bergstedt so gut wie nichts in die Instandhaltung ihrer Häuser investiert, aber jährlich rund vier Millionen Euro Miete kassiert. Manche der damals Beteiligten behaupten, Bergstedt sei keine typische Heuschrecke, sondern überfordert und von falschen Beratern umgeben gewesen. Albert Sahle, Chef des Unternehmens Sahle Wohnen, das in Chorweiler als vorbildlicher Hausverwalter gilt, bestätigt das: Er habe Frau Bergstedt „nicht als bösartig" erlebt. Falsche Berater hätten ihr Chorweiler „aufgeschwatzt und dafür Vermittlungsgebühren kassiert".

Die Bewohner der Bergstedt-Häuser scheren solche Diskussionen kaum. Sie haben gelitten unter Bergstedts Interpretation von Hausverwaltung. Viele der Wohnungen an der Stockholmer Allee 5–31, der Osloer Straße 3–7 und der Florenzer Straße 2–22 befinden sich zum Zeitpunkt der Bergstedt-Pleite 2005 in einem heruntergekommenen, menschenunwürdigen Zustand. Und Besserung ist nicht in Sicht. Der Konkurs ihrer Vermieterin entlässt die Menschen in Chorweiler in eine ungewisse Zukunft. Für die kommenden elf Jahre werden die drei Großwohnanlagen unter Zwangsverwaltung stehen.

Die Verwahrlosung

Durch die Pleite der Neuen Heimat ist Chorweiler in einen Sumpf geraten, in dem nun die Heuschrecken das Sagen haben. Böse Ironie: Das Wort „Chor" stammt etymologisch von alten Bezeichnungen für „Sumpf" ab. Der für den neuen Stadtteil namensgebende Chorbusch geht ebenso darauf zurück wie etwa Kölns irische Partnerstadt Cork. Zu Beginn der 2000er Jahre droht Chorweiler tatsächlich im Morast zu versinken.

Broken Windows

Der Soziologe Frank Wassenberg untersucht 2006 den sozialen Wandel in der mit Chorweiler vergleichbaren Großsiedlung Bijlmermeer in Amsterdam. Er diagnostiziert eine verfehlte Planung, ergänzt um eine unsensible Zuweisungs- und Wohnungspolitik. Viele der an sich gut gemeinten Ideen aus der Planungszeit seien wirkungslos verpufft oder sogar ins Gegenteil umgeschlagen: „Die Konzepte von Kollektivität und Gleichheit griffen nicht, aus Privatheit wurde Anonymität, und die halböffentlichen, überdachten Areale wurden keine Nachbarschaftstreffpunkte, sondern Orte für Obdachlose, Vandalismus und Drogengeschäfte."

In Bijlmermeer wie Chorweiler geschieht genau das, was die beiden US-amerikanischen Sozialforscher James Q. Wilson und George L. Kelling 1982 als „Broken-Windows-Theorie" veröffentlicht haben. Wo ein Fenster kaputt ist, da wird schnell ein zweites eingeworfen, heißt es dort. In einer engagierten Nachbarschaft wird eine zertretene Getränkedose auch einmal aufgehoben und entsorgt. Wo diese Kultur fehlt, wirft man die eigene Büchse dazu: Verwahrlosung generiert Verwahrlosung. Der Müll in den Ecken wird den Bewohnern zum Beweis dafür, dass sich hier niemand um nichts kümmert – und in der Folge kümmert man sich eben auch selbst nicht mehr. Der öffentliche Raum ist der nachbarschaftlichen Kontrolle entglitten und dem Verfall preisgegeben. Wer hineinwächst in solche Verhältnisse, sei es als junger Mensch oder als Zugezogener, lebt sich in die eigentlich anti-sozialen Verhältnisse ein. Und in einem weiteren Schritt befördert er sie aktiv mit. Unglücklicherweise befeuern sich die beiden Effekte gegenseitig: Je mehr Müll, desto mehr Laissez-faire – und umgekehrt. Auf die physische Verwahrlosung folgt die soziale Isolation. Die Menschen ziehen sich in ihr letztes Refugium zurück, die eigene Wohnung. Nach draußen zu gehen wird mit Gefahr assoziiert. Man lebt in der Überzeugung, dass man hier im Ernstfall keine Hilfe erwarten kann. Weder von der Ordnungsmacht noch vom Nachbarn. Was mit kleinen Symptomen beginnt, kann zum räumlichen und sozialen Kollaps einer Gemeinschaft führen, besagt die Broken-Windows-Theorie. In Chorweiler bezeugen dies sogar jene Fenster, die nicht kaputt sind. Die Einfachverglasung in den veralteten Metallrahmen lässt je nach Klima die Scheiben beschlagen, bis regelrechte Pfützen im Zimmer stehen. „Unsere Fenster weinen", zitiert das Sozialraumbüro der katholischen Kirche in Chorweiler einen Bewohner, „wir haben weinende Fenster".

Um den weiteren sozialen Abstieg Chorweilers zu verhindern, beschließt der Kölner Rat bereits 1985 ein erstes Ergänzungsprogramm. Überdimensionierte Straßen und Parkplätze werden in Grünflächen umgewandelt, Plätze neu gestaltet und Sozialräume geschaffen. Chorweiler bekommt ein Büro für Bürgerbeteiligung und einen Handwerkerhof. 1995 wird das Viertel unter Ministerpräsident Johannes Rau (SPD) in das Landesprogramm „Stadtteile mit besonderem Erneuerungsbedarf – soziale Stadt" aufgenommen. Rund 45 Millionen DM sollen vor allem in die Kinder- und Jugendarbeit fließen.

Aber die Maßnahmen greifen nicht, die Talfahrt der Hochhaussiedlung scheint unaufhaltsam. Hatten sich die Zeitungsartikel in der Zeit des euphorischen Booms gehäuft, wird bald nur noch tröpfchenweise berichtet. Und immer geht es um den Niedergang. Auf dem Dach des City-Centers konnte man in den 1990er Jahren noch Minigolf spielen. Es gab einen Spielplatz und Bänke. In den 2000er Jahren wuchert dort jedoch nur noch Gestrüpp. Man liest von verkohlten Sitzgruppen und verrotteten Basketballkörben. Beißender

Gestank schlage aus den offenstehenden Fluren, wo sich Taubendreck mit menschlichen Ausscheidungen vermische. Die *Frankfurter Allgemeine Zeitung* spricht vom Pariser Platz als einem Ort, „der nach Urin und Bier riecht". In aufgebrochenen Kellerräumen hausen Obdachlose und wird mit Drogen gehandelt. Beschmierte Wände und abblätternde Farbe sind die vergleichsweise kleineren Übel gegenüber echten, folgenreichen Schäden. Schimmel und leckende Rohre bedrohen die Bausubstanz, unbeleuchtete Gänge, verstopfte Müllschächte und defekte Fahrstühle das soziale Miteinander. Vor allem ältere Menschen trauen sich nach Einbruch der Dämmerung nicht mehr auf die Straße, mahnt das Sozialraumbüro der katholischen Kirche vor Ort. Viele schämten sich zudem, in ihren heruntergekommenen Wohnungen Besuch zu empfangen. Aber nicht nur die fehlende Beleuchtung, auch kriminelle Banden erzeugen Ängste. Wer sich über schlechtes Benehmen und Schikane beschwere, riskiere beschmierte Türen, eingeworfene Fenster oder gar Prügel. Ihr Sohn habe seine Freundin zur U-Bahn gebracht, erzählt eine Bewohnerin dem Soziologen Kurtenbach, „da sind son paar Jugendliche auf ihn los und ham gesagt ‚Gibste mir mal ne Zigarette?'. Da hat der gesagt ‚Versuch es mal mit Arbeit.' Anschließend lag er in den Gleisen unten." Und auch die ganz Kleinen leben gefährlich. Immer wieder finden Kinder benutzte Spritzen auf den Spielplätzen.

In der unmittelbaren Nachbarschaft kann man studieren, wie es auch anders geht. An der Florenzer Straße 32 hat das Unternehmen Sahle Wohnen aus Greven 1975 ein Hochhaus gebaut. „Das sind sanierte Wohnungen in gutem Zustand", sagt Sigrid Heidt, langjährige Leiterin des katholischen Sozialraumbüros. „Die sind wichtig für die Stabilisierung des Viertels, davon bräuchten wir noch mehr." Die Sahle-Häuser verfügen über Gemeinschaftsräume, in denen sich die Bewohner zum Kochen, Spielen oder Feiern treffen. Die hauseigenen Spielplätze und Vorgärten werden gepflegt, zudem unterhält Sahle ein eigenes Büro vor Ort, das den Mietern als Anlaufstelle offensteht. „An dem Haus sieht man: Es sind nicht die Menschen, die schlecht sind, sondern das Wohnmanagement", sagt Sigrid Heidt.

Die Bergstedt-Immobilien hingegen sind marode. Ein Gutachter diagnostiziert 2012, dass in vielen Fällen wohl nur noch eine „Totalsanierung inklusive Evakuierung" der betroffenen Häuser helfe. Das gelte nicht nur für den Brandschutz, die Bäder und Küchen. Auch die Fenster- und Türanlagen, so heißt es im Abschlussbericht, „sind abgängig und nicht mehr sanierungswürdig". Man rechne mit 90 bis 112 Millionen Euro Gesamtkosten, allein 25 bis 30 davon entfielen auf notwendige Sofortmaßnahmen. Aber der Weg raus aus dem Sumpf ist noch weit. 1998 hat Marietta Bergstedt sich in Chorweiler eingekauft. Erst 18 Jahre, fast eine Generation später, wird ein neuer, zuverlässiger Vermieter gefunden sein.

Die Menschen

Chorweiler ist ein junger Stadtteil – historisch betrachtet, aber auch in Bezug auf seine Bewohner. In zwei Dritteln der Haushalte leben Kinder, häufig mehrere. Und Chorweiler ist auch ein armer Stadtteil. Die Kinder und Jugendlichen wachsen in schwierigen finanziellen Verhältnissen auf, jede zweite Familie ist auf staatliche Hilfe angewiesen, um ihren Lebensunterhalt bestreiten zu können. Nicht zu Unrecht spitzt Chorweiler-Kenner Sebastian Kurtenbach zu: „Wir leisten uns in der Stadt ein Armenhaus, das zugleich eine Kinderstube ist." Kölns größtes Armenhaus im Übrigen: Gegenüber den gut 13.000 Einwohnern von Chorweiler sind die rund 7.000 Finkenberger und die etwa 4.000 Menschen im Meschenicher Hochhauskomplex „Kölnberg" deutlich in der Minderzahl. Hier wie dort begünstigen Strukturwandel, Zuwanderung und städtebauliche Sünden vielfältige soziale Verwerfungen, die von den urbanen Milieus der Innenstadt und den wohlhabenden Vierteln im Kölner Westen kaum oder nur aus der Ferne wahrgenommen werden.

Chorweiler wiederum liegt bei nahezu allen Armutsindikatoren weit über dem Durchschnitt. In Zahlen: 2014 werden 82,7 Prozent der Wohnungen öffentlich gefördert. Rund 80 Prozent der Bewohner haben einen Migrationshintergrund. 17,7 Prozent sind arbeitslos gemeldet, mehr als 45 Prozent beziehen Sozialhilfe, und von den (überdurchschnittlich vielen) Alleinerziehenden sind sogar 77 Prozent auf staatliche Hilfe angewiesen.

Verhältnisse wie in Chorweiler rücken Köln in ein schlechtes Licht. Keine andere deutsche Großstadt ist so stark in Arm und Reich gespalten wie Köln, stellt der Stadtforscher Jürgen Friedrichs von der Universität Köln im Jahr 2008 fest. Sein Doktorand Kurtenbach ergänzt: „Arme Stadtteile machen Arme ärmer." Und zwar in jeder Hinsicht. In einem armen Stadtteil zu leben, erhöht erwiesenermaßen das Risiko, übergewichtig und physisch oder psychisch krank zu werden. Aber Armut schwächt nicht nur die gesundheitliche Widerstandskraft, sondern auch die politische. Die Wahlbeteiligung liegt in Problemvierteln stets am unteren Rand der Skala. Zivilgesellschaftliches Engagement, organisierter Protest oder politische Initiative sind wenig ausgeprägt. Viele Migranten bringen zudem ein massives Misstrauen gegenüber Behörden mit nach Deutschland. Wer aus einem totalitären Staat geflüchtet ist, wittert unter Umständen selbst hinter einer Sozialarbeiterin die Geheimpolizei. Auch den Medien wird aus diesem Grund häufig jede Aussage verweigert.

Darüber hinaus lässt der Zusammenhalt untereinander zu wünschen übrig. Zwar rückt man zwangsläufig enger zusammen, wenn man in die Ecke gedrängt wird. Und in Gesprächen mit Bewohnern spürt der Besucher durchaus einen gewissen Lokalpatriotismus, einen kölschen Veedelsstolz. Das heißt aber noch lange nicht, dass sich in Chorweiler eine lebendige multikulturelle Gesellschaft entwickelt hätte. „Das Zusammenleben in Chorweiler in Form nachbarschaftlicher Kontakte organisiert sich primär entlang ethnischer und sprachlicher Grenzen", schreibt Kurtenbach. Wie die städteplanerischen haben sich auch die sozialen Visionen nur unzureichend erfüllt. Das Leben im Stadtteil ist eher ein Nebeneinander denn ein Miteinander. Konflikte innerhalb der verschiedenen Gruppen verstärken den Eindruck, dass Chorweiler einfach „kaputt" ist – ein kaltes, kriminelles Ghetto.

Stigmatisierung

Der Verfall der 1.211 Bergstedt-Wohnungen steht für den Niedergang des gesamten Viertels. Je schlimmer die Zustände, desto stärker geraten auch die Bewohner in Verruf. Die Verwahrlosung Chorweilers führt zur Stigmatisierung der Menschen. Wer 2015 bei Google nach „Köln-Chorweiler" sucht, dem wird als erstes ergänzendes Stichwort „Ghetto" angeboten. Der Stadtteil wird assoziiert mit Verbrechen, Gewalt und Alkoholismus, mit rauchenden Eltern, schlabbrigen Jogginghosen und Kampfhunden. Im Februar 2016 schreibt die *Frankfurter Allgemeine Zeitung*: „Höchste Zahl von Kindern und Alleinerziehenden, höchster Ausländeranteil, hohe Selbstmordrate. Jeder Fünfte wählt. Das ist Chorweiler."

Der Blick von außen entspricht in vielerlei Hinsicht dem von innen. Hier zu wohnen wird als Kainsmal empfunden, wer die Chance bekommt, zieht fort. Aber die Wohnungssuche gestaltet sich so schwierig wie die nach einem Job. Sebastian Kurtenbach zitiert eine Frau, die in Chorweiler aufgewachsen ist und nach der Trennung von ihrem Mann hierhin zurückkehrte: „Das war so irgendwie '95, auf jeden Fall, als ich dann zur Schlüsselübergabe aus Kiel hierherkam und gesehen hab, wo ich einziehe, hab ich gedacht, ich brech zusammen. Weil das Haus einfach mittlerweile total runtergekommen war, und also wirklich, wenn du sagtest, du wohntest Osloer Straße 6, dann warst du von vornherein abgeschrieben. Überhaupt, Osloer Straße war für jeden Arbeitgeber, für jeden, den du irgendwo getroffen hast, der nicht in Chorweiler wohnte, warst du erstmal." Wir vervollständigen: Dann warst du erstmal ein Problemfall, ein Prolet, ein „Asi", den man in seinem Betrieb lieber nicht haben will.

Was die Welt über Chorweiler erfährt, bestätigt alle Vorurteile. Reportagen über gelungene Stadtteilarbeit, über Integration oder zwischenmenschliche Hilfe taugen nicht für Schlagzeilen. Umso mehr hingegen Tragödien wie die der kleinen Lea-Sophie, die 2012 nach brutaler Misshandlung stirbt. Der neue Lebensgefährte der Mutter hatte sich durch das Weinen der Zweijährigen gestört gefühlt. Ungefähr zehn Mal schlug er ihr mit der Faust ins Gesicht und zertrümmerte ihr dabei den Kiefer. Als die Mutter in die Wohnung zurückkehrte, verständigte sie nicht etwa einen Arzt, sondern legte ihre Tochter ins Bett. Drei Tage später erlag das Mädchen seinen Verletzungen.

Lea-Sophies trauriges Schicksal füttert die Klischees, mit denen Chorweiler seit Langem zu kämpfen hat. Tatsachen und Gerüchte, Fakten und Vorurteile befeuern sich gegenseitig. Selbst gewöhnliche Verbrechen wie Taschendiebstähle werden zu spezifischen Chorweiler-Problemen hochgekocht. Und je mehr Tragödien sich tatsächlich abspielen, desto mehr Nachahmer finden sich. So zynisch es klingt: Ab den 1990er Jahren entwickelt sich ein regelrechter Selbstmordtourismus. In Chorweiler, so weiß man, stehen die Treppenhäuser jederzeit offen. Dort kontrolliert kein Hausmeister, wer eintritt, man schafft es auch als Fremder jederzeit ins oberste Stockwerk. Der Schriftsteller Kay Löffler, der ab den späten 1980er Jahren einige Jahre als Ermittlungsdienstleister des Ordnungsamts in Chorweiler arbeitete, hat einen dokumentarischen Roman über jene Zeit geschrieben: „Aus einem deutschen Getto". Sprünge in den Tod seien damals so alltäglich gewesen, dass im Grunde niemand mehr hinsah, schreibt er. Die *Frankfurter Allgemeine Zeitung* zitiert den Sozialarbeiter Roman Friedrich, der den Sturz eines nackten Mannes aus dem siebten Stock miterlebte: „Der wollte zeigen, dass er auch da war." Die meisten Passanten hätten nur kurz zur Seite geblickt und seien dann weitergegangen. Friedrichs Recherchen über den Toten führen nicht weit: Seit vier Jahren lebte der Mann im Viertel, niemand kannte ihn. Auch dem Soziologen Sebastian Kurtenbach bleiben solche Erlebnisse nicht erspart. Als er miterlebt, wie sich ein Mann vom Balkon in den Tod stürzt, verlässt er Chorweiler für einige Tage und zieht sich in ein Kloster zurück. „In Chorweiler laufen viele kleine Zeitbomben rum", heißt es in der *F. A. Z.* „Aber sie gehen nicht hoch, sie implodieren."

Die Mieterkontaktstelle

Bis zum Konkurs Marietta Bergstedts 2005 ist es stetig bergab gegangen. Wir müssen dem etwas entgegensetzen, sagen sich einige Engagierte, allen voran Sigrid Heidt, Leiterin des kirchlichen Sozialraumbüros Chorweiler. 2008 bringt sie mit der Mieterkontaktstelle (MKS) eine der effektivsten Initiativen für das Wohl des Stadtteils auf den Weg.

Von Beginn an versteht sich das von der katholischen Pfarrgemeinde Hl. Papst Johannes XXIII. getragene Projekt als „Anwalt" der gebeutelten Mieter: „Wir möchten ein Bündnis initiieren. Die verantwortlichen Politiker und Verwaltungsbehörden in Stadt und Land sollen in die Pflicht genommen werden, damit eine für Menschen und Stadtteil optimale Lösung erarbeitet werden kann."

Finanziell unterstützt wird die MKS von der Stadt Köln und der Caritas. Sie bezieht ein Büro in der Osloer Straße 3 – in einem der

Bergstedt-Häuser also. Genau dort beginnt die Arbeit 2009 dann auch mit einer exemplarischen Mieterbefragung. Die Auswertung bestätigt die gängigen Vermutungen. Fast alle Bewohner klagen über Vandalismus, Drogen, bauliche Mängel und Schmutz. Man lebe hier in ständiger Angst, so der Tenor. Die Mieterkontaktstelle dokumentiert die Schäden in den Wohnungen. Mietern, die dies wünschen, wird eine rechtliche Beratung durch Anwälte und den Mieterverein ermöglicht. Parallel zur internen Hilfe geht man nach außen und wendet sich mit einem Appell an Politik und Medien: „Wegen jahrzehntelanger Investitionsstaus, hoher Fluktuation und Abwanderung stabiler Mieter, fehlender Sicherheit im Haus und aufkommendem Vandalismus prägt ein heruntergekommener Zustand das heutige Erscheinungsbild. Menschenwürdiges Wohnen ist nicht länger gewährleistet."

Das erste Medienecho ist vielversprechend. Schon im Jahr der offiziellen Gründung 2009 kommen NRW-Bauminister Lutz Lienenkämper und Kölns Oberbürgermeister Jürgen Roters zu Besuch. Reden werden gehalten, Versprechungen gemacht, aber keine großen Sprünge. Daran ändert auch nichts, dass seit der Bergstedt-Pleite 2005 ein neuer Besen durch die Hochhausschluchten kehrt: Der Kölner Rechtsanwalt Christos Daglianakis hat seine Arbeit als Zwangsverwalter des Bestands aufgenommen.

Zwangsverwaltung! Zwangsversteigerung?

Eine Zwangsverwaltung dürfen Gläubiger beantragen, um ihre Ansprüche gegenüber dem Schuldner durchzusetzen. Im Falle der Bergstedt-Immobilien ist es die landeseigene NRW.Bank als Hauptgläubigerin, die 2005 die Zwangsverwaltung initiiert. Wichtig im Kontext Chorweiler: Der Zwangsverwalter ist nicht Vertreter des Vermieters oder der Gläubiger, sondern eine Amtsperson. Er wird vom zuständigen Amtsgericht bestellt und überwacht. Seine Arbeit unterliegt dem Gesetz über die Zwangsversteigerung und die Zwangsverwaltung (ZVG).

Völlig unabhängig von den beteiligten Parteien agiert der Zwangsverwalter jedoch nicht. Das Gesetz schreibt vor, dass er die Interessen aller Beteiligten bestmöglich zu wahren und das Grundstück anstelle des Eigentümers nach wirtschaftlichen Gesichtspunkten zu verwalten hat. Zu diesem Zweck ist er berechtigt, Mietverträge zu kündigen und abzuschließen. In der Regel wird der Job extrem gut bezahlt: Ein Zwangsverwalter kassiert üblicherweise rund zehn Prozent des für den Zeitraum der Verwaltung an Mieten oder Pachten eingezogenen Bruttobetrags.

Für die Bewohner heruntergewirtschafteter Immobilien wirkt die Zwangsverwaltung zunächst einmal wie ein Rettungsanker. Der insolvente Besitzer ist aus dem Spiel, neue Perspektiven scheinen auf. Die Sache hat allerdings einen großen Haken. Denn Zwangsverwaltung bedeutet noch lange nicht Sanierung! Unter dem Schirm der Zwangsverwaltung dürfen nur die notwendigsten Ausgaben getätigt werden. Etwaige Überschüsse kommen nicht den Bewohnern zugute, sondern den Gläubigern. Kurz: Der Zwangsverwalter erhält den Status quo, grundlegende Renovierungen sind ebenso ausgeschlossen wie zukunftsträchtige Investitionen.

Dementsprechend kommt man auch in Chorweiler nicht von der Stelle. Dem als Zwangsverwalter eingesetzten Rechtsanwalt Daglianakis attestieren die Beteiligten und Betroffenen durchaus solide

Arbeit. Aber gebracht habe das so gut wie nichts, weil ihm sowohl die finanzielle Basis als auch die planerische Handlungsfreiheit gefehlt habe, lautet der Tenor.

Das meiste Geld fressen unumgängliche Brandschutzmaßnahmen auf. Auch wo die Schimmelbildung gesundheitsgefährdende Ausmaße angenommen hat, schreitet der Zwangsverwalter ein. Bis zu einem gewissen Grad jedenfalls. Eine kaputte Tür, so ein Anwohner, sei einmal erneuert worden. Beim zweiten Mal dann aber nicht mehr.

Silberstreif oder Damoklesschwert?

Im Dezember 2009 glaubt die Mieterkontaktstelle einen Silberstreif am Horizont zu sehen. Seit gut vier Jahren stehen die Häuser aus dem Bergstedt-Besitz mittlerweile unter Zwangsverwaltung. Nichts tut sich. Nun jedoch hat der Zwangsverwalter das Zwangsversteigerungsverfahren eingeleitet. Damit biete sich, so die Hoffnung der Sozialarbeiter, „die einmalige Chance, dass ein solider kommunaler Investor oder eine neu zu gründende Gesellschaft die Häuser erwirbt. Eine Überführung in solide Eigentumsverhältnisse ist jetzt die große Chance für die Menschen in Chorweiler." Zugleich ist man sich jedoch auch der Risiken einer freien Auktion bewusst. Wenn „sogenannte Heuschrecken den Bestand als Renditeobjekte erwerben", sei „der weitere Verfall der Häuser vorprogrammiert – mit verheerenden Folgen für den Stadtteil".

Ein mahnendes Beispiel gibt Finkenberg ab. Bei einer Zwangsversteigerung kam dort das Münchner Unternehmen KPL Immo GmbH zum Zuge. In der Folge verfielen die erworbenen 500 Wohnungen immer weiter. Die Stadtsparkasse Köln und die NRW.Bank hätten über ihren Grundschuldbesitz steuernd eingreifen können. Stattdessen wurde die Grundschuld zunächst von der Stadtsparkasse und dann von der NRW.Bank an den Privatinvestor verkauft. Federführend war dabei offenbar Dietmar Binkowska, Sparkassenchef von 2003 bis 2008 und anschließend Vorstandsvorsitzender der NRW.Bank. Aber ein Manager stemmt so etwas nicht allein. Auch die politische Aufsicht in Stadt und Land hatte im Fall Finkenberg keine Bedenken. Dabei hätte allen Verantwortlichen klar sein müssen, was auch die Feldforschung des Chorweiler-Experten Kurtenbach belegt: dass sich die Situation von zwangsverwalteten Mietern durch einen Verkauf verschlechtern kann. Er vergleicht den Schimmelbefall, defekte Fenster, Heizungen etc. von zwangsverwalteten Wohnungen mit solchen im Besitz einer Heuschrecke und kommt zu dem Ergebnis: „Die Gegenüberstellung (…) macht deutlich, dass die Instandhaltung unter Zwangsverwaltung – wenngleich sie weit davon entfernt ist, zufriedenstellend zu sein – deutlich bessere Ergebnisse bringt als bei einem ‚Investor', der offensichtlich nicht an den Immobilien, sondern nur an deren Verwertung interessiert ist."

Auch in Chorweiler hat die Sparkasse KölnBonn einen Teil ihrer Grundschuldanteile verkauft – und zwar ausgerechnet an den Talos-Konzern, der als klassische Heuschrecke gilt und sich mit der Übernahme in eine brillante Position gebracht hat. Sollte es tatsächlich zur Zwangsversteigerung kommen, könnte vermutlich niemand mit Talos mithalten. Denn während etwaige Konkurrenten nur bis zu einer wirtschaftlich vertretbaren Summe X bieten können, kann der Eigentümer von Grundschuld darüber hinausgehen. Vereinfacht gesagt: Er kann Summe X plus seinen Grundschuldanteil bieten.

Die Stadt Köln versucht deshalb ab 2009, die Eröffnung der Zwangsversteigerung in Chorweiler zu verhindern. Mehrfach gelingt dies, auch mit Hilfe der örtlichen Initiativen. Am 13. Dezember 2012 organisiert die katholische Kirchengemeinde eine Protestkundgebung: „Wir wollen heute den betroffenen Mietern zeigen, dass wir die Bedrohung durch eine mögliche Immobilienheuschrecke sehen." Klaus-Martin Ellerbrock, Sozialraumkoordinator für den Stadtbezirk Chorweiler, ergänzt: „Wir haben die Sorge, dass bald 75 Prozent des Viertels in Heuschreckenhand sind, das wäre ein Genickbruch für das Viertel." Ähnlich äußert sich Ende 2012 auch der GAG-Aufsichtsratsvorsitzende Jochen Ott, der sich schon seit Jahren für den Stadtteil engagiert: „Finanzhaie lassen die Immobilie ausbluten und holen eine Rendite von zehn Prozent im Jahr. (…) Ich könnte durchdrehen bei dieser Schweinerei."

Aber die Uhr tickt. Die Zwangsversteigerung wird kein weiteres Mal verschoben, erklärt Anwalt Daglianakis. Finaler Termin ist der 18. Januar 2013.

Seit mehr als sieben Jahren befinden sich die 1.211 Wohnungen bereits unter Zwangsverwaltung. Damit soll nun endgültig Schluss sein, so der Zwangsverwalter. Und Talos hat die besten Karten auf der Hand, weshalb der Oberbürgermeister schon einmal drohend den Zeigefinger hebt: „Sollte bei der Zwangsversteigerung ein ausschließlich auf Rendite orientierter Finanzinvestor den Zuschlag bekommen", so Jürgen Roters, wolle man seitens der Stadt „dafür Sorge tragen, dass vor Ort alle der Stadt zur Verfügung stehenden rechtlichen Aufsichtsinstrumente angewendet werden, um die Wohnsituation der Mieterinnen und Mieter zu verbessern und beanstandete Mietmängel durch den neuen Eigentümer zeitnah abzustellen."

Wer sich die Entwicklung in Finkenberg ansieht, muss das für eine leere Drohung halten. Aber noch gibt es Hoffnung für die Bewohner der Bergstedt-Wohnungen. Denn Talos hat mit der GAG einen ernstzunehmenden Mitbewerber. Was der städtischen Wohnungsbaugesellschaft bislang allerdings fehlt, ist eine zündende Idee, wie das nötige Kleingeld zu beschaffen sei. Immerhin geht es, grob geschätzt, um einen mittleren zweistelligen Millionenbetrag!

Kaufpläne

„Wem gehört die Stadt?" fragt der *Kölner Stadt-Anzeiger* am 7. Januar 2013. Gemeint ist Chorweiler, wo wenige Tage später 1.211 Wohnungen zwangsversteigert werden sollen und damit vor einer ungewissen Zukunft stehen. Dass die Stadtspitze die Großauktion immer wieder verschieben ließ, hat einen Grund: Schon seit 2010 gibt es Pläne, die verwahrlosten Wohnungen selbst oder über die stadteigene GAG zu übernehmen. Bislang weiß allerdings niemand, wie das zu bewerkstelligen wäre.

Das kommunale Kaufinteresse ist nachvollziehbar. Die GAG besitzt in Chorweiler bereits weit über 1.000 Wohnungen. Sie sind durchweg öffentlich gefördert und gut in Schuss. Verkäme der Stadtteil noch weiter, würde das auch dem GAG-Bestand schaden. Außerdem steht die Stadt wegen der Entwicklung Chorweilers inzwischen unter Beobachtung der gesamten Republik. Die Ghettoisierung des Hochhausviertels, verbunden mit Armut, Drogenproblemen und erhöhter Kriminalität, hat ein breites mediales Echo gefunden. Hinzu kommt eine lange Serie von Selbstmorden und gerade erst, im Dezember 2012, der schreckliche Tod der kleinen Lea-Sophie. „All das hat eine Stimmung erzeugt, dass in Chorweiler etwas passieren muss", sagt der damalige GAG-Aufsichtsratsvorsitzende Jochen Ott rückblickend.

Auch vor Ort erhöht sich der Druck. Anfang Januar 2013 demonstriert eine Menschenmenge, unterstützt von Kölner Lokalgrößen wie den Brings-Brüdern, auf dem Pariser Platz. Die Protestierenden wollen eine Versteigerung mit allen Mitteln verhindern. OB Roters bläst in dasselbe Horn, wenn er betont, die Stadt werde „alle Möglichkeiten ausschöpfen, um den Verkauf an einen internationalen Finanzinvestor (...) zu verhindern". Das Vorhaben allein zu stemmen, traut sich indes niemand zu – weder das Land noch die Stadt oder die GAG. Der OB spekuliert deshalb auf ein öffentlich-rechtliches Erwerberkonsortium. Für dieses Projekt hat er sich einen wichtigen Berater mit ins Boot geholt: Michael Schleicher. Der ehemalige Postbeamte, Polizist und Sozialwissenschaftler war von 1977 bis

Oktober 2012 Leiter des Amts für Wohnungswesen der Stadt Köln. Als Sozialdemokrat alten Schlags hat sich Schleicher von Beginn an für den Kauf der Bergstedt-Immobilien eingesetzt. Nun soll er im Auftrag des Oberbürgermeisters prüfen, „wie durch eine Kooperation von Partnern unter anderem aus der Wohnungswirtschaft die Hochhäuser zu ersteigern sind". Auch die GAG soll beteiligt sein, außerdem hofft man auf die Unterstützung des Landes. Aber schon formiert sich Widerstand, der Gegenwind bläst stark. Nicht nur die Kleinaktionäre der GAG lehnen sich auf, auch die Ratsopposition von CDU und FDP stellt sich quer: „Angesichts der aktuellen städtischen Verschuldungslage und des enormen Sanierungsstaus in den betroffenen Häusern ist ein Erwerb der Wohnanlagen kritisch zu sehen", erklärt Kölns CDU-Chef Bernd Petelkau im Vorfeld des Versteigerungstermins.

Der Insolvenzantrag

Ein Kaufplan existiert, aber die Finanzierung ist noch völlig unklar. Folglich muss es für die Kommune zunächst darum gehen, die auf den 18. Januar 2013 festgesetzte Zwangsversteigerung zu verhindern. Die rettende Idee hat in dieser Situation der Kölner Rechtsanwalt Rolf Leithaus. Er fungiert zu diesem Zeitpunkt als Berater der Stadt Köln, bevor er später als Anwalt der GAG wirken wird. Auf der Suche nach Mitteln gegen die Zwangsversteigerung ist er auf einen Passus im Zwangsversteigerungsgesetz gestoßen. Unter § 30d IV heißt es dort: „Ist vor der Eröffnung des Insolvenzverfahrens ein vorläufiger Verwalter bestellt, so ist auf dessen Antrag die Zwangsversteigerung einstweilen einzustellen, wenn glaubhaft gemacht wird, dass die einstweilige Einstellung zur Verhütung nachteiliger Veränderungen in der Vermögenslage des Schuldners erforderlich ist." Leithaus fragt beim Rechtsamt der Stadt Köln an, ob die drohende Auktion auf der Basis dieses Textes abgewendet werden könnte. Die Antwort: Ja, das ist möglich. Leithaus' Plan: Weil die Stadt selbst mit einer – recht kleinen – Grundschuld am großen Bergstedt-Kuchen beteiligt ist, hat sie das Recht, ein Insolvenzverfahren gegen die

Pleite-Firma zu eröffnen. Dafür braucht es einen Insolvenzverwalter, der wiederum bereit sein muss, die Zwangsversteigerung gemäß § 30d IV ZVG einstweilen einzustellen.

Die Zeit droht den Verantwortlichen davonzurennen. Nachdem Leithaus sich auch das Okay des Oberbürgermeisters geholt hat, stellt er als Treuhänder im Namen der Stadt im Dezember 2012 einen Insolvenzantrag über das Vermögen von Frau Bergstedt.

Die Sache kommt ins Rollen: Am 14. Januar 2013 bestellt das Insolvenzgericht in Syke den Fachanwalt für Insolvenz- und Sanierungsrecht Christian Willmer zum Insolvenzverwalter. Laut § 80 Abs. 1 InsO hat er nun das Verfügungsrecht über die Insolvenzmasse, das heißt, er entscheidet, wie es fortan weitergeht. Schon im Vorfeld hat man in Köln abgeklärt, dass Willmer unter Umständen zu einer Einleitung des Insolvenzverfahrens bereit sei. Bei einer Zwangsversteigerung sieht er sowohl ökonomische wie soziale Probleme. Zum einen drohe ein „Verkauf unter Wert". Zum anderen wäre dabei „nicht auszuschließen, dass infolge einer Zwangsversteigerung negative Konsequenzen für den Stadtteil Köln-Chorweiler drohen, wenn die Wohnanlage von einem Investor ersteigert werden würde, dem ein lokaler Bezug und damit das Verantwortungsbewusstsein für die Stadt und den Stadtteil fehlt". Deshalb bevorzugt er in Sachen Bergstedt einen „freihändigen" Erwerb, das heißt: Der potenzielle Käufer erwirbt alle Grundpfandrechte – er zahlt alle Gläubiger aus. In der Folge erlösche die Zwangsverwaltung, und die Gebäude gingen an den neuen Besitzer. Willmers Bedingung für seinen Einsatz gegen die Zwangsversteigerung: ein ernsthaftes Kaufinteresse der Stadt Köln.

Im Raum steht allerdings ein mittlerer zweistelliger Millionenbetrag. Laut Expertise des Amtsgerichts beträgt das Mindestgebot rund 45 Millionen Euro – basierend auf den im Grundbuch eingetragenen 28 Millionen Euro plus Zinsen. Dass die notwendigen Investitionen nicht durch zukünftige Mieten wieder eingefahren werden können, wissen alle Beteiligten. 2014 beträgt die Durchschnittsmiete in Chorweiler 4,47 Euro pro Quadratmeter – kölnweit sind es 5,60 Euro. Von den gut 1.200 zwangsverwalteten Einheiten werden 871 öffentlich gefördert – also mit Landesmitteln aus der Wohnraumförderung subventioniert. 238 dienen als Altenwohnungen, und nur etwa 100 werden frei finanziert. Roters-Berater Michael Schleicher stellt nüchtern fest: „Kaufen ist nicht alles. Wenn wir kaufen, müssen wir investieren, 60 Millionen für die Sanierung." Angesichts der hohen Kosten sei „der Erwerb der Häuser für einen Privatinvestor völlig unwirtschaftlich – es sei denn, er zieht nur die Miete raus und verzichtet auf die notwendigen Reparaturen", so Schleicher. Auch für die GAG könne sich das „zu den gegenwärtigen Rahmenbedingungen nicht rechnen". Wenn das Gericht allerdings dem Antrag des Insolvenzverwalters auf Aussetzung der Zwangsversteigerung stattgebe, könnten sich Land, Stadt und die Wohnungsgesellschaft um ein tragfähiges Finanzierungsmodell bemühen.

Und so kommt es dann auch. Die Stadt, in Person von OB Jürgen Roters, erklärt öffentlich ihr dezidiertes Kaufinteresse. Am 15. Januar, einen Tag nach seiner Berufung, beantragt Insolvenzverwalter Willmer die einstweilige Einstellung des Zwangsversteigerungsverfahrens. Am 17. Januar gibt das Gericht in Syke dem Antrag statt. Die NRW.Bank, Großgläubigerin in Chorweiler, legt zunächst zwar Beschwerde gegen den Beschluss ein, verfolgt diese dann jedoch nicht weiter. Offenbar ist hier hinter den Kulissen intensiv verhandelt worden. Kommunal- und Landespolitik scheinen eng zusammengearbeitet zu haben. Das Stillhalten der Gläubiger kommt einer faktischen Duldung des Kölner Vorgehens gleich.

Der juristische Schachzug von Rolf Leithaus hat damit zum Erfolg geführt. Die Zwangsversteigerung ist, einen Tag vor dem festgesetzten Termin, abgewendet. Damit sind die Weichen für einen Ankauf durch die GAG gestellt. Aber es bleiben Fragen, vor allem jene nach der Finanzierung. Wer soll das bezahlen, wer hat so viel Geld?, wie es im kölschen Evergreen von Jupp Schmitz heißt. Der härteste Widerstand gegen die GAG-Pläne kommt aus dem eigenen Stall. Die Kleinaktionäre der Wohnungsgesellschaft sind gegen den Kauf. Dass es sie überhaupt gibt, jene Kleinaktionäre, hat mit den Ursprüngen des Konzerns zu tun.

Die Kleinaktionäre

Die Gründung der GAG ist im Wesentlichen Wilhelm Greven (1875–1939) zu verdanken. Das Mitglied der Zentrumspartei wurde 1905 zum Beigeordneten der Stadt Köln gewählt und war unter anderem für die Armen- und Waisenpflege zuständig, die ihn auch mit der Wohnungsnot einkommensschwacher Familien konfrontierte. Zu Beginn des 20. Jahrhunderts schritt die Industrialisierung Kölns stetig voran, die Fabrikarbeiter und ihre Angehörigen benötigten möglichst billigen Wohnraum. Auf Grevens Initiative hin wurde deshalb am 18. März 1913 die Gemeinnützige Aktiengesellschaft für Wohnungsbau (GAG) gegründet. Der Beschluss fiel einstimmig aus, Greven wurde zugleich zum ersten Vorstandsvorsitzenden ernannt. Gegenstand des Unternehmens ist laut Satzung „die Versorgung breiter Schichten der Bevölkerung mit sicherem Wohnraum zu sozial angemessenen Bedingungen". Zu diesem Zweck darf die GAG „Grundstücke erwerben, belasten, bebauen, verwalten und veräußern".

Eigentlich beginnt nun eine fast hundert Jahre währende Erfolgsgeschichte. Im Jahr 2001 fusioniert die GAG Immobilien AG, wie sie nun heißt, mit einer anderen Kölner Wohnungsbaugesellschaft, der Grund und Boden (Grubo). Der Konzern wächst dadurch bedeutend. Zur selben Zeit jedoch gerät er in Turbulenzen. Die Stadt Köln, seinerzeit mit 68 Prozent die Mehrheitseignerin, ist hoch verschuldet. CDU und FDP planen deshalb den Verkauf des städtischen Wohnungsbestands. Für 420 Millionen Euro soll er an das britische Unternehmen Terra Firma Capital Partners gehen, um den kommunalen Haushalt auf einen Schlag zu konsolidieren. Aber der Widerstand lässt nicht lange auf sich warten. Schnell kommen 50.000 Unterschriften für ein Bürgerbegehren zusammen, das allerdings mit den Stimmen der Mehrheit von CDU und FDP als unzulässig abgelehnt wird. Im Januar 2003 kommt es im Stadtrat zum alles entscheidenden Votum über den Verkauf, und siehe da: Drei Abgeordnete aus der Koalition haben sich anscheinend den Protesten angeschlossen und gemeinsam mit SPD, Grünen und Linken mit Nein gestimmt. Die GAG einschließlich Grubo bleibt in kommunaler Hand.

Bereits 2005, als die Zeit der Zwangsverwaltung in Chorweiler beginnt, gilt die GAG als potenzielle Käuferin. Schließlich besitzt sie in Köln mehr als 40.000 Wohnungen und verfügt auch über das nötige Brennpunkt-Know-how. Als die Pläne konkreter werden, macht sich jedoch eine an sich einleuchtende Grundidee des Konzerns nachteilig bemerkbar: Die GAG ist von Beginn an eine Aktiengesellschaft. Gründervater Greven und seine Mitstreiter, allen voran der damalige stellvertretende Oberbürgermeister Konrad Adenauer, wollten auf diese Art privates Kapital für den sozialen Wohnungsbau gewinnen. Industrielle wie Arnold von Guilleaume, Adolf Lindgens, Alfred Neven DuMont senior und Ernest Cassel gehörten zu den Aktionären der ersten Stunde. Als Anfang 2013 um den Bergstedt-Bestand gepokert wird, verteilt sich der Streubesitz auf rund 750 Kleinaktionäre. Aus ihren Reihen formiert sich der massivste Widerstand gegen die Kaufambitionen der GAG.

Warum kauft die Stadt nicht selbst?

Auch zwei Jahre später existiert noch kein tragfähiges Finanzierungsmodell. Die GAG-Hauptversammlung des Jahres 2015 steht ganz im Zeichen der avisierten Übernahme in Chorweiler. Schwere Geschütze werden aufgefahren. Dem Vorstand werden „parteipolitische Machtgebärden auf dem Rücken der freien Aktionäre" vorgeworfen. Der Kleinaktionär und Wirtschaftsprüfer Axel Augustin wirft zum wiederholten Mal die Frage auf, warum die Stadt nicht selbst als Käuferin auftrete. Natürlich müssten die 1.211 Bergstedt-Wohnungen saniert werden. Aber die Stadt solle das gefälligst aus eigener Tasche bezahlen und nicht den Aktionären der GAG aufdrücken. Schließlich sei die GAG zuvörderst nicht den Interessen der Kommune, sondern ihren Aktionären verpflichtet. Der Werterhalt der Aktien gehe vor.

Die Stadt als Käuferin? Was logisch klingt, ist nüchtern betrachtet unmöglich. Die einzigen Wohngebäude, die sie selbst betreut, sind die in der Stadt verteilten Obdachlosenunterkünfte. Früher besaß die Kommune mit dem Wohnungsbauunternehmen Grubo eine hundertprozentige Tochter. Aber die ist ja in der Aktiengesellschaft GAG aufgegangen. Die Kleinaktionäre verweisen auf die Wohnungsgesellschaft der Stadtwerke Köln (WSK). Aber dieses recht kleine Konstrukt ist lediglich zuständig für Wohnungen der stadteigenen Unternehmen im Stadtwerkekonzern. Dort wohnen Bus- und Bahnfahrer, Müll- und Hafenarbeiter, eben Mitglieder der städtischen Familie. Mit anderen Worten: Bei der Stadt Köln gibt es keine Schublade, in die 1.211 Brennpunktwohnungen passen würden. Eine neue, komplett stadteigene Wohnungsbaugesellschaft zu gründen, würde Jahre in Anspruch nehmen, sprich: Selbst bei einem Kauf müsste die Stadt den Bergstedt-Bestand an die GAG weiterveräußern. Und das liefe darauf hinaus, die Grunderwerbssteuer doppelt zu bezahlen – wer kann das wollen?!

Doch nicht nur die Kleinaktionäre protestieren. Auch in den Führungsgremien der GAG ist man sich uneinig. Der Kaufplan des Vorstands wird in der Aufsichtsratssitzung vom 11. Mai 2015 mit acht zu sieben Stimmen abgelehnt. Laut Presseberichten stimmten die Vertreter von SPD und Grünen dafür, die von CDU und FDP dagegen. Ihnen schlossen sich vier Arbeitnehmervertreter an. Damit will sich der Vorstand jedoch nicht abfinden. Schon am 26. Juni soll noch einmal entschieden werden. „Wollen Sie so oft abstimmen lassen, bis das Ergebnis passt?", fragt Kleinaktionär Thomas Hechtfischer. Es gebe keinen Grund, diesen Plan erneut auf die Tagesordnung zu setzen, sagen auch seine Mitstreiter. Die Entscheidung sei getroffen, auch wenn sie der Stadt womöglich nicht passt. Aber der Vorstand hält an seinen Plänen fest, nicht zuletzt, weil sich im Aufsichtsrat etwas getan hat. Nach der Kommunalwahl ist ein FDP-Mann durch einen Vertreter der Linken ersetzt worden. Dieser ist für den Ankauf, zudem gibt es Wechselwähler. Die Folge: Der GAG-Vorstand um Uwe Eichner erhält dieses Mal die nötige Mehrheit.

Jahre später wird es einen Sonderprüfungsbericht geben, der die damaligen Argumente noch einmal einholt. Ihre erste Ablehnung begründen die Aufsichtsräte Bernd Gräber und Uwe Arentz mit der Sorge, die GAG könnte „sich übernehmen", „ihre Identität verlieren", und „andere notwendige Investitionen könnten dadurch zum

Erliegen kommen". Doch habe der Kölner Rat drei Tage vor der Juni-Sitzung die für den Ankauf nötigen rund 30 Millionen Euro bewilligt, sprich: signalisiert, dass das Geld aus der Stadtkasse bezahlt werde. Das habe zu einem euphorischen „Yes-we-can-Gefühl" geführt, aus dem heraus sie ihre Entscheidung revidiert hätten.

Die ökonomischen Bedenken der Kleinaktionäre teilt GAG-Vorstand Uwe Eichner von Beginn an nicht. Die wirtschaftliche Stabilität der GAG werde durch das Projekt „nicht gefährdet", sagt er. Wenn die Stadt ihren Teil beisteuere, sei die Finanzierung gesichert. „Natürlich wird Chorweiler das Ergebnis temporär belasten, aber eben nicht dauerhaft." Bislang offen ist jedoch die Frage, auf welchem Weg das Geld von der Stadt ins Säckel der GAG wandern könnte. Die gut 30 Millionen Euro Anschubfinanzierung einfach an die Gesellschaft zu überweisen, kommt nicht infrage. Dies würde gegen das Subventionsrecht der EU verstoßen: Eine solche öffentliche Bezuschussung verfälscht den freien Wettbewerb und könnte als unerlaubte Beihilfe gewertet werden. Stattdessen wird also wieder einmal nach einem Pfad gesucht, der aus dem Dschungel der Bürokratie, der Gesetze und Eigentumsverhältnisse heraushilft.

Die Betrauung

Diesmal ist es die Amtsleiterin der Kölner Kämmerei Dorothee Schneider, die Licht ins Dunkel bringt. Als Verwalterin der kommunalen Finanzen kennt sie jene andere städtische Gesellschaft, die Jahr für Jahr viele Millionen verschlingt, ohne das Geld wieder einzuspielen: Die Kölner Verkehrs-Betriebe (KVB) organisieren für die Stadt den öffentlichen Personennahverkehr. Mit diesem Auftrag wurden sie „betraut", wie es in der Fachsprache heißt. Warum dieses Modell also nicht auf die GAG und Chorweiler übertragen?!

Jemanden mit einer Aufgabe betrauen: Die Redewendung scheint auszusterben. Dabei ist sie eigentlich so schön wie treffend, vereinigen sich im „Betrauen" doch Vertrauen und Zutrauen: Ich traue dir das zu, ich vertraue dir, ich betraue dich damit. In juristischen Zusammenhängen meint die „Betrauung" etwas ganz Ähnliches: Einem Unternehmen wird eine „Dienstleistung von allgemeinem wirtschaftlichen Interesse" (DAWI) übertragen, also ein Auftrag, der dem Wohl der Bürger dient beziehungsweise im Interesse der Gesellschaft liegt. Deutsches wie EU-Recht sehen vor: Wenn du jemanden betraust, darfst du ihm auch Geld geben. Ihren öffentlichen Personennahverkehr finanzieren viele deutsche Kommunen auf diese Art. Im Wohnungswesen jedoch betritt die Stadt Köln hier Neuland – zumindest in dieser Dimension! Die Betrauung ist das Tor, das Dorothee Schneider aufstößt. Mit der KVB als „Passepartout" wird die Idee der Kämmereileiterin zum Schlüssel.

Das von Oberbürgermeister Roters avisierte Konsortium ist nun hinfällig. Ob man das Geld auf diese Art je zusammenbekommen hätte, steht ohnehin in den Sternen. Diskussionen in den Fraktionen des Stadtrats und den Gremien der GAG folgen. Am 6. Februar 2015, in seiner letzten Sitzung vor der Entscheidung im Rathaus, formuliert der GAG-Vorstand seine Bereitschaft: Wenn die Stadt verbindlich zusagt, das Projekt finanziell zu stemmen, akzeptieren wir die Betrauung. Auch aus dem Sozialraumbüro in Chorweiler kommt Unterstützung. Pfarrer Ralf Neukirchen und Büroleiterin Sigrid Heidt wenden sich mit einem Appell an alle Ratsmitglieder:

„Sie sind die von uns gewählten VolksvertreterInnen", heißt es darin, und als solche solle man die GAG in dieser Sache unterstützen. Schließlich schwebe noch immer die alte Drohung über den Köpfen der Bewohner. Jederzeit könne Zwangsverwalter Daglianakis die Zwangsversteigerung erneut einleiten und der Besitz in die Hände einer Heuschrecke gelangen.

Am 23. Juni 2015 ist es schließlich so weit: Der Kölner Rat beschließt die Betrauung der GAG mit dem Kauf der Bergstedt-Wohnungen im Rahmen von DAWI. Das Projekt sei von „allgemeinem wirtschaftlichen Interesse" für die Kommune, es gehe um „die Beseitigung des Instandhaltungsstaus", „die Stabilisierung des Quartiers", „die Entwicklung von sozialen Handlungskonzepten" und „den Einsatz von Sozialarbeitern". Für Kauf und Sanierung gewährt die Stadt der GAG den geforderten Zuschuss: Insgesamt 32,4 Millionen Euro sollen fließen, verteilt auf zehn Jahre.

Die wirtschaftlichen und juristischen Voraussetzungen für den Kauf der 1.211 zwangsverwalteten Wohnungen sind nun geschaffen. Ebenfalls im Juni 2015 hat der GAG-Aufsichtsrat dem Betrauungsakt zugestimmt, und auch vom Finanzamt und der Bezirksregierung kommen keine Einwände. Aber bisher existiert damit nur eine Kaufabsicht samt Finanzierungsplan. Die nächste große Hürde: Um in den Besitz der Häuser zu kommen, müssen sämtliche Forderungen der Gläubiger beglichen werden. Langwierige Verhandlungen stehen an, unter anderem mit den Managern von Talos. Das Unternehmen wird um seinen Anteil pokern, so viel steht fest. Und auch mit Marietta Bergstedt und ihrer in die Geschäfte involvierten Tochter Anja Hebel ist noch nicht das letzte Wort gesprochen. Denn auch sie sitzt noch auf einem geringen Teil der Grundschuld.

Der Kaufvertrag

Selbst nach der Betrauung durch die Stadt Köln könnte die GAG noch den Weg über die Zwangsversteigerung gehen. Aber das Risiko erscheint den Verantwortlichen zu hoch, „da wir nicht vorhersehen konnten, ob wir uns mit unserem Gebot würden durchsetzen können", wie Vorstand Uwe Eichner später erklären wird. Zudem war „die Höhe unseres Gebots durch den Beschluss des Aufsichtsrates (...) begrenzt".

Medienberichte sprechen von „zwei Mitbewerbern" um den Kauf der Wohnungen. Das unter Heuschrecken-Verdacht stehende Unternehmen Talos ist einer davon. Schnell stellt sich jedoch heraus, dass GAG und Stadt Köln bereit sind, mehr als die Konkurrenten auf den Tisch zu legen. Mehr als 30 Gläubiger müssen nun davon überzeugt werden, ihren Schuldenanteil an die GAG zu verkaufen. Der Reigen reicht von mittelständischen Handwerksbetrieben über die Stadt Köln bis zur NRW.BANK, die den Löwenanteil trägt. Nach intensiven Verhandlungen erklärt sich das landeseigene Unternehmen im Juni 2015 zu einem Teilverzicht bereit, um den Deal zu ermöglichen: Forderungen in Höhe von 48 Millionen Euro werden auf 34 Millionen heruntergeschraubt.

Seinen schwersten Gang macht GAG-Vorstand Uwe Eichner zu Talos nach Berlin. Kurz zuvor hat die Firma in Finkenberg ein ähnliches Objekt per Zwangsversteigerung erworben. Aber die Verhandlungen bezüglich Chorweiler kommen recht schnell zu einem Abschluss. Talos ist bereit, die Grundschuld von rund 17 Millionen Euro für elf Millionen abzutreten. Einige der Beteiligten bewerten das Geschäft im Nachhinein dennoch als außerordentlich lukrativ für die Immobilienfirma. Eine Zwangsversteigerung hätte möglicherweise nicht annähernd so viel erbracht. GAG-Aufsichtsrat Jochen Ott spricht von einem „Pokerspiel": Talos hatte seinen Ruf in Chorweiler längst gründlich ruiniert, ein freier Ankauf hätte zwar einige Chancen, aber auch enorme Risiken für das Unternehmen bedeutet. Die elf Millionen Euro waren demgegenüber ein akzeptables Schmerzpflaster.

Michael Wahlscheidt, der später die Sonderprüfung in Sachen Chorweiler vornehmen wird, kritisiert in seinem Abschlussbericht den hohen Kaufpreis. Eine Teilschuld gibt er dem Oberbürgermeister. Der hatte im Vorfeld betont: „Die GAG gehört zu ganz überwiegenden Teilen der Stadt Köln, und ich werde dafür sorgen, dass der Eigentümer seinen Einfluss geltend macht." Dieses „entschiedene Eingreifen", so der Sonderprüfer, „dürfte bei den Grundpfandrechtsgläubigern ‚Begehrlichkeiten' (...) geweckt und die Verhandlungsposition der GAG stark geschwächt" haben. Möglicherweise wäre die Kommune im Rahmen einer Zwangsversteigerung deutlich günstiger davongekommen, spekuliert er weiter. Eine Auktion ohne zuschlagfähiges Gebot „hätte den Druck auf die Grundpfandrechtsgläubiger erhöht" und den Gesamtpreis gesenkt. Den Schaden sieht er jedoch „eher (...) auf Ebene der Stadt" als bei der GAG.

Was Wahlscheidt dabei übersieht, ist die Zwickmühle, in der sich OB und Stadt Köln seinerzeit befanden. Ohne den städtischen Betrauungszuschuss von 32,4 Millionen Euro für die kommenden zehn Jahre hätte die GAG gar nicht in den Ring treten können. Und ohne das frühzeitig bekundete Kaufinteresse der Stadt hätte das Amtsgericht in Syke nie die Zwangsversteigerung ausgesetzt. Zu lösen war dieses Dilemma nur durch einen gehörigen Aufpreis.

Nach der Einigung mit Talos fehlt nun nur noch die Vereinbarung mit Marietta Bergstedt und ihrer Tochter Anja Hebel. Eigentlich geht es dabei um eine Kleinigkeit, halten die beiden doch nur noch eine Million Euro von der Gesamtschuld. Aber in Syke beginnt man zu schachern. Offensichtlich soll die Zeitnot der Kölner ausgenutzt werden, um daraus Kapital zu schlagen. Vorstand Eichner fährt persönlich nach Syke, um zu verhandeln. Aber er kommt ernüchtert zurück. Statt einer wollen die Frauen nun fünf Millionen Euro – eine wahnwitzige Forderung angesichts ihrer schwachen Position. Eichner informiert die Verantwortlichen der GAG und der Stadt und fährt enttäuscht zurück. Es war alles für die Katz, signalisiert er. Aber in Köln hat man noch einen Trumpf im Ärmel. Statt weiter zu verhandeln, droht die GAG nun mit der eigentlich längst begrabenen Zwangsversteigerung. Wegen der stagnierenden Verhandlungen hat Insolvenzverwalter Willmer die einstweilige Verfügung wieder aufgehoben. Die GAG ist für eine Zwangsversteigerung inzwischen jedoch viel besser gewappnet: Weil sie die Schulden aller großen Gläubiger übernommen hat, wird niemand sonst mitbieten. Bergstedt liefe Gefahr, ganz leer auszugehen. Denn wenn bei einer Zwangsversteigerung nur ein Bruchteil der gesamten Grundschuld geboten wird, werden zunächst die oberen Ränge ausbezahlt – und die kleinen Gläubiger schauen in die Röhre. Genau das erklären ihr in dieser Situation auch ihre Anwälte. Früh am nächsten Morgen ist auch Marietta Bergstedt „überzeugt" und tritt ihren letzten Anteil an Chorweiler ab: für exakt eine Million Euro.

47,1 Millionen Euro

Sämtliche Schuldner sind nun ausgelöst. In den nächsten Monaten wird an den Details des Kaufvertrags gefeilt. Es dauert noch einmal fast ein halbes Jahr, bis sich Insolvenzverwalter und GAG-Vorstand einig sind. Am 2. Mai 2016 kann schließlich Vollzug gemeldet werden. Elf Jahre nach der Bergstedt-Pleite, sieben Jahre nach der Einleitung des Zwangsversteigerungsverfahrens wird der Kaufvertrag unterzeichnet. Die Zwangsverwaltung hat ein Ende, für 47,1 Millionen Euro gehen 1.211 Wohnungen in den Besitz der Kölner Wohnungsbaugesellschaft über.

32,4 Millionen Euro wird die Stadt in den nächsten zehn Jahren an die GAG im Rahmen einer Betrauung überweisen. Die Kommune investiert damit ausdrücklich in eine „Dienstleistung von allgemeinem wirtschaftlichen Interesse" – analog den Kölner Verkehrs-Betrieben. Die Tranchen à 3,24 Millionen Euro pro Jahr dienen dazu, die „vorübergehend negativen Ergebnisse der Bewirtschaftung (...) auszugleichen". Der Zuschuss ist an die Bedingung geknüpft, die 1.211 verwahrlosten Wohnungen instand zu setzen und die Mieter sozial zu fördern.

Landesbauminister Michael Groschek, Oberbürgermeisterin Henriette Reker, GAG-Vorstand Uwe Eichner und der GAG-Aufsichtsratsvorsitzende Jochen Ott präsentieren sich der Presse so erleichtert wie zufrieden. „Die GAG übernimmt große Verantwortung für ein Veedel, das viele in Köln schon als abgehängt betrachten", sagt Ott. „Das ist ein guter Tag für Chorweiler und die Menschen, die hier leben", ergänzt Reker, „mit der Übernahme durch die GAG Immobilien AG kann nun endlich die Instandsetzung der Wohnungen und Häuser beginnen. Die Mieten bleiben auch künftig auf einem günstigen Niveau. Und wir sorgen mit einem ganzen Paket von Maßnahmen dafür, dass die Plätze und das Lebensumfeld hier im Stadtteil deutlich attraktiver werden." Um dies quasi direkt in die Tat umzusetzen, überreicht Uwe Eichner einen Scheck über 5.000 Euro an Sigrid Heidt, die Leiterin des Sozialraumbüros. Damit soll die von ihr initiierte Tafel in Chorweiler unterstützt werden.

„Die Menschen in den zwangsverwalteten Wohnungen werden die GAG als Vermieterin mit Gesicht und zum Anfassen erleben, als Vermieterin, die zuhört und handelt, die an den Menschen interessiert ist und nicht nur am Cashflow", verspricht Eichner im Juli 2016. Eitel Sonnenschein im Kölner Norden also, könnte man meinen. Aber noch immer ist dieses Mammutgeschäft nicht in trockenen Tüchern. Wieder sind es die Kleinaktionäre der GAG, die das Unternehmen infrage stellen. Ihre Kritik ist nicht verstummt, sondern noch lauter geworden. Nun klagen sie vor Gericht gegen den Ankauf. Die GAG werde absehbar Verluste machen durch dieses Geschäft. Damit verstoße der Vorstand gegen die Prinzipien einer Aktiengesellschaft und die berechtigten Interessen der Aktionäre. Es wird weitere sechs Jahre dauern, bis auch dieser letzte Stein aus dem Weg geräumt ist.

Die Sonderprüfung

Schon während der Kaufverhandlungen ist klar geworden, dass die Kleinaktionäre der GAG Widerstand leisten werden. Zu ihrem Sprachrohr entwickelt sich der Ratinger Wirtschaftsprüfer Axel Augustin. Sollte das Projekt tatsächlich umgesetzt werden, müsse sich die GAG auf eine Sonderprüfung einstellen, droht er wiederholt.

Hintergrund: Die Sonderprüfung gehört zu den zentralen Rechten von Aktionären zur Überwachung der Geschäftsführung einer Aktiengesellschaft. Während der einzelne Aktionär kaum Einblick in die Aktivitäten des Vorstands hat, ist das Einsichtsrecht des Sonderprüfers „allumfassend".

Und so kommt es dann auch. 16 GAG-Aktionäre schließen sich zusammen und beantragen 2017: „Die Hauptversammlung möge gem. § 142 Abs. 1 AktG einen Sonderprüfer zur Prüfung von Vorgängen bei der Geschäftsführung im Geschäftsjahr 2016 im Zusammenhang mit geschäftlichen Beziehungen zwischen der Gesellschaft und der Mehrheitsaktionärin, der Stadt Köln, bestellen." Ihre Begründung: Vorstand und Aufsichtsrat hätten sich am Unternehmensinteresse auszurichten. Der Erwerb der Wohnungen in Chorweiler sei jedoch „insgesamt nachteilig für die Gesellschaft und ihre Aktionäre". Der bezahlte Preis habe zudem den Verkehrswert um das 2,6-fache überstiegen.

In diesem Zusammenhang missfällt den Kleinaktionären besonders jene Äußerung von OB Jürgen Roters nach der zunächst negativen Abstimmung im GAG-Aufsichtsrat: Weil die GAG überwiegend der Stadt gehöre, werde er alles dafür tun, den Chorweiler-Deal möglich zu machen. Dies komme einer Nötigung des Unternehmens seitens des mächtigen Hauptaktionärs gleich, argumentieren die Kleinaktionäre. Immerhin halte die Stadt 88,1 Prozent der GAG-Anteile.

In der Folge schöpfen beide Seiten ihre rechtlichen Möglichkeiten aus. Am 11. Juli 2018 ordnet das Landgericht (LG) Köln eine Sonderprüfung des Geschäftsjahres 2016 bei der GAG an – also des Kaufjahres. Am 17. August legt der GAG-Vorstand Beschwerde gegen den LG-Beschluss ein. Schließlich glaubt man dort nicht nur an den sozialen, sondern auch den finanziellen Erfolg der Maßnahme: Die Parameter der Kalkulation seien „durchgängig positiv und führen zu einer respektablen Rendite", sagt GAG-Vorstand Uwe Eichner in seiner Rede auf der Hauptversammlung im Juli 2016. „Unser Engagement in Chorweiler ist deshalb nicht nur technisch machbar und sozial geboten, sondern auch wirtschaftlich im reinsten Wortsinn."

Und dennoch: Die Beschwerde der GAG wird am 20. Februar 2019 vom Kölner Oberlandesgericht (OLG) abgewiesen. Der Richter vertritt die Auffassung, dass eine Erklärung eines Kölner Oberbürgermeisters in der Kommunalpolitik die Gültigkeit eines Gesetzes habe. Viele Bürgerinnen und Bürger Kölns hätten da wohl ihre Zweifel. Das OLG kommt jedoch zu dem Schluss, dass hier nach Paragraf 142 Absatz 2 des Aktiengesetzes tatsächlich der Verdacht einer oder mehrerer grober Verletzungen des Gesetzes und/oder der GAG-Satzung bestehe. Den Steuerzahler hat der Streit bis hierhin schon eine Menge Geld gekostet: Rund 255.000 Euro Gerichts- und Anwaltskosten sind bei der GAG bereits aufgelaufen. Und die Sonderprüfung steht noch aus. Am Ende werden weit mehr als eine Million Euro nur für Rechtsanwälte und Wirtschaftsprüfer bezahlt werden.

Aber für die Verantwortlichen beim Wohnungskonzern geht es nun um mehr als das GAG-Budget. Für das OLG steht eine Pflichtverletzung der damals handelnden Organe im Raum. Falls der Sonderprüfer zu dem Ergebnis kommt, dass die Wohnungen nicht hätten erworben werden dürfen, stehen Vorstand und Aufsichtsrat der GAG möglicherweise in der Haftung. Dann drohen Verfahren um Sorgfaltspflichtverletzung und Schadenersatz, dann geht es für die Betroffenen ans Eingemachte. Gemäß Aktiengesetz müssen die verantwortlichen Organe vor jeder Maßnahme abwägen, ob diese „im Konzerninteresse liegt". Außerdem müssen etwaige Nachteile den Eigentümern (also auch den Kleinaktionären) bekannt gemacht werden. Geschieht dies nicht, greift § 93 AktG: „Vorstandsmitglieder, die ihre Pflichten verletzen, sind der Gesellschaft zum Ersatz des daraus entstehenden Schadens als Gesamtschuldner verpflichtet."

„Das war wirklich beängstigend", erinnert sich der damalige Aufsichtsrat Jochen Ott. „Wir fragten uns, wer steht auf unserer Seite, wenn das schiefgeht. Und wann greift die Versicherung der GAG für Vorstände und Aufsichtsräte, wann die der Stadt für ihre Mandatsträger?" Weil der juristische Angriff der Kleinaktionäre und die Sonderprüfung länger als fünf Jahre dauern, erklären die GAG-Verantwortlichen sogar einen Verjährungsverzicht – gegen ihre persönlichen Interessen, aber im Dienste der Sache.

Auch die Allgemeinheit, vor allem die Bewohner in Chorweiler müssen sich Sorgen machen. Plötzlich steht die Zukunft der ehemaligen Bergstedt-Wohnungen wieder auf der Kippe. Muss der gesamte Deal nach einer negativen Sonderprüfung rückabgewickelt werden? Es wäre ein Debakel für all jene, die das Projekt jahrelang vorangetrieben haben. Auch der Schaden für Chorweiler und die öffentlichen Säckel wäre verheerend.

Der Abschlussbericht

Das Landgericht Köln hat Michael Wahlscheidt von der international bekannten Wirtschaftsprüfungsgesellschaft Baker Tilly zum Sonderprüfer ernannt. Am 11. Juli 2018 nimmt er seine Arbeit auf. Er soll beurteilen, ob die Bedingungen des Erwerbs der Bergstedt-Immobilien angemessen waren und ob die GAG von der Stadt Köln womöglich zu diesem Geschäft gedrängt wurde. Noch einmal dreieinhalb Jahre werden vergehen, bis Wahlscheidts Abschlussbericht vorliegt.

Im Kern geht es bei diesem Streit darum, ob die soziale Frage beim wirtschaftlichen Engagement einer Aktiengesellschaft eine Rolle spielen darf. Die Kleinaktionäre bestreiten dies, aber für die GAG ist die Sache klar. Aufgrund ihres satzungsgemäßen Auftrags („Die Versorgung breiter Schichten der Bevölkerung mit sicherem Wohnraum zu sozial angemessenen Bedingungen") unterscheide sich eine kommunale Wohnungsbaugesellschaft von herkömmlichen börsennotierten Unternehmen. Ganz bewusst haben Stadt und GAG beim Ankauf den Weg der Betrauung gewählt, die eine „Dienstleistung von allgemeinem wirtschaftlichen Interesse" ummantelt. Die Betonung liegt auf „allgemein": In Chorweiler gehe es eben nicht nur um 1.211 Wohnungen, sondern um das Wohl, die Zukunft der Stadt und ihrer Bürger.

Die Sanierung der Bergstedt-Häuser ist längst in vollem Gange, als am 12. Januar 2022 der Abschlussbericht des Sonderprüfers vorliegt. Für die GAG ist er ein Sieg auf ganzer Linie. Der Erwerb der zwangsverwalteten Wohnungen war rechtmäßig. „Sowohl der Vorstand als auch der Aufsichtsrat [haben] nicht entgegen dem Wohle der Gesellschaft gehandelt", heißt es in dem 600 Seiten dicken Bericht. Die Vorgänge rund um die zwangsverwalteten Wohnungen seien „insgesamt angemessen und halten einem Drittvergleich stand", schreibt Wahlscheidt. Auch habe die Stadt ihre Wohnungsbaugesellschaft nicht zu nachteiligen Rechtsgeschäften gedrängt. Ganz im Sinne des Vorstands betont auch der Sonderprüfer den „altruistischen Gesellschaftszweck" der GAG, der „nicht allein auf Gewinnerzielung und -maximierung gerichtet ist, sondern neben dem ‚Wohle der Gesellschaft' auch das ‚Gesamtinteresse der Kommune' und soziale Aspekte zum Inhalt hat". Siehe Kölner Verkehrs-Betriebe: Deren Fahrkarten sind bereits teuer genug, aber um schwarze Zahlen zu schreiben, müsste ein Ticket das Zigfache kosten. Folgt man Sonderprüfer Wahlscheidt, handelt jedoch auch hier „der Vorstand nicht pflichtwidrig, wenn er auf Gewinne verzichtet".

Insgesamt attestiert der Prüfer der Gesellschaft ein „stabiles Geschäftsmodell". Der Kauf habe sich nicht negativ auf die Finanzen ausgewirkt, ab 2024, so prognostiziert er, würden wieder „finanzielle Überschüsse erwirtschaftet". In einem Punkt jedoch gibt er den Kleinaktionären recht: Der Kaufpreis von mehr als 47 Millionen Euro sei um einiges zu hoch ausgefallen.

Auch die Sonderprüfung hat die GAG – und damit den Steuerzahler – noch einmal einen Batzen Geld gekostet. Kathrin Möller, seit 2009 im Vorstand des Konzerns, beziffert die Gesamtkosten auf 1,81 Millionen Euro. Aber das war es dann auch. Die letzte Auseinandersetzung um die Wohnblocks in der Stockholmer Allee, der Osloer und Florenzer Straße ist damit beendet. Die GAG und die beteiligten Gremien der Stadt Köln können sich fortan auf ihr Kerngeschäft konzentrieren: Menschen menschenwürdigen Wohnraum zu bieten.

Chorweiler ist schön

Im Mai 2017 setzt das Kölner Polizeipräsidium eine Pressemeldung ab: Chorweiler werde behördenintern ab sofort nicht mehr als „gefährlicher Ort" eingestuft. Der Stadtteil sei deutlich sicherer geworden, die Kriminalitätsrate gesunken. Unwahrscheinlich, dass das mit dem Ende der Zwangsverwaltung im Vorjahr zu tun hat. Aber die Koinzidenz ist dennoch verblüffend.

17 Jahre nach der Bergstedt-Pleite und sechs Jahre nach Unterzeichnung des Kaufvertrags sind Anfang 2022 die letzten Zweifel beseitigt: Die Sonderprüfung hat die GAG, und mit ihr die Hauptaktionärin Stadt Köln, zur rechtmäßigen Eigentümerin der 1.211 Wohnungen erklärt. Aber auch nach dem Urteil des Sonderprüfers ist die Arbeit nicht beendet, im Gegenteil: Sie fängt jetzt erst an. Schließlich hat die GAG nicht nur 78.701 Quadratmeter Wohnraum erworben, sondern auch einen jahrzehntelangen Sanierungsstau. Gefragt sind nun „tragfähige Lösungen". Stadtsoziologe Sebastian Kurtenbach skizziert in seiner Chorweiler-Studie moderne Konzepte: „Wenn ein Spielplatz gebaut wird, sollten die Kinder mitplanen, für die Renovierung könnte man lokale Handwerksbetriebe heranziehen, Treppenhäuser könnten Jugendliche gegen Bezahlung streichen." Auch Sozialarbeiterin Sigrid Heidt plädiert für diese Art der „Mitmach-Planung": „Alle Programme werden für die Katz sein, wenn nicht die Leute einbezogen werden." Zu den ersten Maßnahmen der GAG gehört dann auch eine „aktivierende Befragung der Mieterinnen und Mieter" bezüglich der spezifischen Defizite in Chorweiler. Auch Mieterversammlungen sind vorgesehen und der verstärkte Einsatz von Streetworkern.

Schon im März 2014 hatte die Bezirksvertretung Chorweiler beschlossen, der ermordeten Lea-Sophie ein Denkmal in Form eines Baums zu widmen. Seit April 2015 wächst er auf einer Grünfläche neben dem Eingang des City-Centers am Liverpooler Platz. Auf einer kleinen Holztafel stehen weitere Namen von in Chorweiler getöteten Kindern. Um den Ruf des Viertels nicht noch weiter zu ramponieren, soll es hier gemäß gemeinsamem Beschluss von GAG und

Stadt keine Drehgenehmigungen mehr geben, schon gar nicht für Krimis. Filme, die etwa zur Nachahmung von Hochhaus-Selbstmorden verleiten könnten, müssen andernorts realisiert werden.

Auf eine erste Bestandsaufnahme folgen die Planung, Ausschreibung und Vergabe von Reparatur- und Sanierungsarbeiten. Reibungslos verläuft all das natürlich nicht. Dafür ist Chorweiler zu groß, und dafür sind die Probleme des Viertels zu komplex. Seit 2016 habe sich vieles geändert, konstatiert denn auch GAG-Vorstand Eichner bereits im Dezember 2018. Er spricht von Mehrkosten durch Preissteigerungen, von überlasteten Handwerksbetrieben und zusätzlichen Aufwendungen bei der Beseitigung von schadstoffbelastetem Dämmmaterial. Andererseits, so Eichner, sei durch die allgemeine Wohnungsnot auch der Wert der Immobilien gestiegen, sprich: Chorweiler war – und ist jetzt erst recht – eine Investition in die Zukunft.

Die Häuser in der Stockholmer Allee, der Osloer und Florenzer Straße bekommen in den Jahren nach 2016 neue Fenster und Fassaden. Der Brandschutz wird ebenso modernisiert wie die Heizungs- und Sanitäranlagen – bis hin zu Details wie den Badewannengriffen, den Waschmaschinenanschlüssen und der „Pinselsanierung" der Treppenhäuser.

Verbessert und verschönert wird peu à peu auch das Umfeld der Wohnungen. Während man früher die autogerechte Stadt feierte, liegt heute das Augenmerk auf dem Rad- und Fußverkehr. Sogenannte Angsträume verschwinden, Wege und Plätze werden aufgehübscht. „Das läuft gut, ich sehe da eine gute und eben positive Entwicklung", sagt Bezirksbürgermeister Reinhard Zöllner Anfang 2020. Dem stimmt auch die langjährige Sozialarbeiterin Sigrid Heidt zu: „Der Pariser Platz hat sich stark zum Besseren hin verändert in den letzten Jahren. Lange hölzerne Sitzbänke, der Springbrunnen – da hat sich einiges getan." Parallel arbeitet man an Turn- und Sportplätzen, und am frisch renovierten Spielplatz Osloer Straße wird im Juli 2019 eine „minibib" der Stadtbibliothek eingeweiht. Hier benötigen Besucher keinen Bibliotheksausweis, die Ausleihe ist kostenfrei, und die Rückgabe erfolgt auf Vertrauensbasis. Der hölzerne

Bau wird aus Schenkungsbeständen der Stadtbibliothek bestückt, der Schwerpunkt liegt auf Lesebüchern für Kinder und Jugendliche sowie auf Sachbüchern rund um die Themen Bewerbung und Beruf.

Das Geld für all diese Maßnahmen stammt aus öffentlicher Hand. Neben der Stadt Köln haben auch das Land NRW und der Bund ordentlich zugeschossen. Insgesamt 150 Millionen Euro aus der Städtebauförderung und Sondermaßnahmen für Plätze und Aufenthaltsqualität sollen in Chorweiler verbaut werden.

Was den ehemaligen Bergstedt-Besitz betrifft, so werden die Mieteinnahmen nach 2016 zunächst geringer – unter anderem, weil einige Bewohner zwischenzeitlich ausziehen müssen. Nach der Fertigstellung jedoch, so die Prognosen, könnten nicht nur die Mieten leicht erhöht werden – von durchschnittlich 4,57 Euro pro Quadratmeter im Jahr 2016 auf absehbar 5,08 Euro. Auch die Aufwendungen für Instandhaltung und Reparaturen werden zurückgehen und den GAG-Haushalt entlasten. Wer Chorweiler heute besucht, sieht neue Fassaden, Baugerüste und Altbestand. Komplett abgeschlossen soll die Sanierung der Häuser im Jahr 2028 sein.

Die Verantwortlichen, die meisten Medien und ein Großteil der Öffentlichkeit betrachten das Projekt „1.211 Wohnungen" heute als gelungen. Die Renovierung läuft, das Umfeld wurde aufgewertet, der Deal von 2016 markiert eine Wende in der Stadtpolitik. Auch über Kölns Grenzen hinaus kann Chorweiler zu einem Lehrstück werden. Hier hat eine Kommune nicht einfach tatenlos zugesehen, wie ein Stadtteil vor die Hunde geht. Anstatt die Menschen ihrem Schicksal zu überlassen, wurde Verantwortung übernommen – und viel Geld in die Hand genommen!

Als Vorbild für andere Kölner Großsiedlungen dient Chorweiler derzeit nur bedingt. In Finkenberg hat Talos einen großen Bestand per Zwangsversteigerung erworben. Die Häuser sind in schlechtem Zustand, eine Übernahme samt Sanierung wäre unbezahlbar. Am Kölnberg in Meschenich wiederum sind die Besitzverhältnisse zu diffus, um als Kommune intervenieren zu können. Der Streubesitz ist dort immens hoch, viele Eigentümer einzelner Apartments und Wohnungen dürften nicht einmal greifbar sein. Für beide Stadtteile wäre eine konsequente und nachhaltige Wohnungsaufsicht durch die Stadt eine Erlösung. Sanktionen gegen verantwortungslose Vermieter und eine Aufstockung des städtischen Personals wären ein Anfang.

In Chorweiler hingegen kann es nun weiter vorangehen. GAG und Sonderprüfer Wahlscheidt gehen von einer Restnutzung bis ungefähr zum Jahr 2045 aus. Die Häuser aus den 1970er Jahren werden dann voraussichtlich ausgedient haben, der Stadtteil wird eine radikale Metamorphose durchmachen. Hin und wieder kommen sogar schon heute Überlegungen auf, das Viertel zu gentrifizieren. Der Abriss einzelner Gebäude, hängende Gärten in aufgelösten Etagen, Penthäuser auf den Dächern und eine veränderte, „hippe" Infrastruktur könnten neue Bewohner anlocken. Einerseits könnte Chorweiler durchaus eine diversere, breiter aufgestellte Sozialstruktur brauchen – ganz in dem Sinne der ursprünglichen Visionen der Nachkriegszeit, hier alle gesellschaftlichen Schichten „vertikal zu verdichten". Andererseits weiß man jedoch aus Erfahrung: Nach den jungen Kreativen kommen die Wohlhabenden, und es beginnt ein Verdrängungswettbewerb.

Zurzeit ist das in Chorweiler noch nicht vorstellbar. Aber sollte man es sich – als Kommune, als Kölner Bürger – überhaupt wünschen?

Zugegeben, Chorweiler ist an manchen Ecken noch immer recht schmuddelig. Das City-Center wird nie an die Shopping-Atmosphäre der Ehrenstraße heranreichen. Und nachts spaziert man trotz verbesserten Lichtverhältnissen noch immer nicht gern vom tief unter der Erde gelegenen Stadtbahnhof über den gigantischen Liverpooler Platz, um dann im Dschungel der Hochhäuser nach Hause zu finden.

Aber Chorweiler ist eben auch sehr präsent und immer lebendig. Hier röhren keine Hirsche, sondern die Großstadt. Hier riecht es nicht nach Stall, sondern nach U-Bahn-Schacht. Und hier redet man eher über Rap als Raps – in hundert verschiedenen Sprachen. Der raue Charme dieser Satellitenstadt, dieser Stadt in der Stadt ginge verloren, wenn plötzlich Sushiläden statt Dönerbuden das

Straßenbild prägten. Und nicht zuletzt bliebe die Frage: Wohin mit den Menschen, die sich ein gentrifiziertes Chorweiler nicht mehr leisten könnten?!

Vielleicht sollte man sich an jene Selbstdarstellung des Chorweiler Sozialraumbüros halten, das schon 2009, mitten in der bleiernen Zeit der Zwangsverwaltung schrieb: „Köln-Chorweiler ist ein junger Stadtteil mit sehr guter Infrastruktur und viel Grün. Es gibt sehr gute Verkehrsanbindungen, gute Einkaufsmöglichkeiten und engagierte soziale Einrichtungen. Der Stadtteil hat viel zu bieten." Und in nicht allzu ferner Zukunft mag man vielleicht sogar hinzufügen: Chorweiler ist schön.

Stimmen

„Wer sich nicht wehrt, zieht den Kürzeren"

Axel Augustin, Kleinaktionär

Der Wirtschaftsprüfer und Steuerberater aus Ratingen wurde im Zusammenhang mit den Kaufplänen der GAG zu einer Art Sprachrohr der Kleinaktionäre. Sie wandten sich über Jahre vehement gegen die Übernahme der desolaten Wohnungen in Chorweiler und klagten schließlich nach dem Kaufabschluss auf eine Sonderprüfung des Vorgangs.

Der Kauf der Chorweiler-Immobilien durch die Stadt Köln selbst wäre sicherlich zu begrüßen gewesen. Der Einsatz für Verbesserungen in städtischen Veedeln ist schließlich zuallererst eine städtische Aufgabe, mit der Politiker Wählerstimmen bekommen wollen. Auf keinen Fall allerdings eine Aufgabe von Immobilienunternehmen wie der GAG, an die 600 bis 700 oft langjährige private Miteigentümer einen Teil ihrer Altersvorsorge knüpfen.

Ein Kauf durch die Immobilientochter der Stadtwerke (Wohnungsgesellschaft der Stadtwerke Köln mbH (WSK)), also durch eine hundertprozentig städtische Gesellschaft, wurde von den Kleinaktionären vor dem Erwerb der Chorweiler-Immobilien in der Hauptversammlung angeregt, aber nicht in Betracht gezogen. Ob man nun daraus gelernt hat, dass man in der Folge im Februar 2019 eine Klatsche vor dem Oberlandesgericht Köln erhalten hat? Ich weiß es ehrlich gesagt nicht.

Der Kauf der Wohnungen in Chorweiler erfolgte auf Betreiben der Politiker im Aufsichtsrat der GAG. Abgesegnet wurde er aber erst im zweiten Anlauf, nachdem die sicherlich fachkundigen GAG-Mitarbeiter im Aufsichtsrat dies zuerst abgelehnt hatten. Wenn Politiker – bis zum Oberbürgermeister – sich vor Wahlen zudem öffentlich zum Kauf bekennen, ist dies in Kaufverhandlungen nicht von Vorteil – da man sich dann selbst unter Kaufzwang um jeden Preis setzt. Andere Interessenten gab es bekanntlich nicht.

Wir als Aktionäre hatten im Vorfeld der Hauptversammlung den Antrag gestellt, ein Sonderprüfer möge dies untersuchen. Leider wurde das von Aufsichtsrat und Vorstand der GAG abgelehnt. Auf unsere Klage hin hat dann das Oberlandesgericht (OLG) Köln, nachdem sich die Kleinaktionäre sehr lange mit zwei teuren gegnerischen Rechtsanwaltskanzleien auseinandersetzen mussten, eine Sonderprüfung verlangt. Hintergrund: Im Zuge des Erwerbs der Immobilien, so das OLG, lagen „Anhaltspunkte für den Verdacht grober Gesetzes- und/oder Satzungsverletzungen" von Vorstand und Aufsichtsrat der GAG vor.

Für die Kleinaktionäre war eine Klage zwingend. Wer sich nicht wehrt, zieht immer den Kürzeren. Es kann nicht sein, dass die GAG unter völliger Ignorierung der Interessen der Kleinaktionäre zum Spielball politischer Interessen wird. Die Politik der Stadt hat durch das Urteil des OLG erkennen müssen, dass die Kleinaktionäre nicht alles mit sich machen lassen. Das Aktiengesetz, das für die GAG gilt, sieht vor, dass Aktionäre unter gleichen Voraussetzungen gleich zu behandeln sind – Kleinaktionäre also nach Gesetz des Schutzes bedürfen. Diesen Schutz vor der kölschen Politik haben wir Kleinaktionäre somit erfolgreich in Anspruch genommen.

Von manch politischer Seite werden gerne Gegensätze konstruiert: hier die soziale GAG, dort die profitgierigen Aktionäre. Die privaten Aktionäre der GAG haben sich jedoch zu keinem Zeitpunkt für eine Erhöhung der – im Vergleich zum Kölner Markt – niedrigen Mieten oder für Luxussanierungen stark gemacht. Das war in keiner Hauptversammlung in den letzten 15 Jahren ein Thema. Die Kleinaktionäre bestehen allerdings auf einer berechenbaren und auch wirtschaftlichen Führung der GAG – und haben diesbezüglich keinerlei Vertrauen in den Aufsichtsrat der Gesellschaft, der traditionell nach Parteibuch und nicht nach Fachkenntnis besetzt ist. Städtische Aufgaben möge die Stadt aus ihrem Haushalt selbst bestreiten. Auch die Mieter sind zudem teilweise Aktionäre der Gesellschaft.

Der Gutachter hat fast drei Jahre, rund 600 Seiten Papier und ein horrendes Prüferhonorar gebraucht, um zu einer Beurteilung im Sinne der Kölner Politik zu gelangen. Das Gericht hinterfragt dies inhaltlich nicht von sich aus, da das Gesetz dies nicht verlangt. Die Kleinaktionäre werden nun allerdings auch nicht jeder „Schrotkugel einzeln hinterherlaufen, die der Sonderprüfer verschossen hat, bis er das Prüfungsziel erlegt hat", und dies daher auch nicht weiter gerichtlich verfolgen. Als Kleinaktionär befürchte ich jedoch, dass der Kölner Politik später noch einmal in die Bücher geschrieben werden muss, dass die Wohnungsgemeinnützigkeit seit den 1990er Jahren abgeschafft wurde.

Seit vielen Jahren schüttet die GAG ihren Aktionären nur Mini-Dividenden aus. Dabei ist das ja an sich eine sehr solide Gesellschaft, angesichts der Substanz ist der Aktienwert anderer vergleichbarer börsennotierten Immobiliengesellschaften weitaus höher. Aber dagegen steht eben die – aktuell berechtigte – Vermutung der Börse, dass man bei der GAG aufgrund der politischen Verstrickung nicht an Wirtschaftlichkeit interessiert sei. Ein Zusammenhang zwischen der Kursentwicklung der GAG-Aktie und dem Chorweiler-„Deal" kann trotzdem nicht hergestellt werden. In den Jahren seit 2016 haben sich schließlich auch noch andere Dinge bei der GAG verändert.

Der damalige GAG-Vorstand Uwe Eichner hat damals, als er vor der Kaufentscheidung in den Rat einbestellt wurde, wortwörtlich gesagt: „Die Risiken und Möglichkeiten wurden abgewogen, und das eindeutige Ergebnis war, dass die wirtschaftliche Stabilität der GAG durch dieses Vorhaben nicht gefährdet ist." Diese doch sehr niedrige, aus Sicht der Kleinaktionäre zu niedrige Hürde hat die GAG bis jetzt immerhin eingehalten.

Wie die Stadt Köln und die Bewohner von Chorweiler begrüßen es auch die Kleinaktionäre der GAG, wenn der Stadtteil sich positiv entwickelt. Am besten mit der Aufgabenteilung, dass die GAG Geld für Immobilieninvestitionen in Chorweiler in die Hand nimmt und die Stadt Köln welches für die begleitende Verbesserung des Wohnumfelds und die gemeinnützigen Themen.

„Der Vorgang könnte Schule machen"

Christos Daglianakis, Zwangsverwalter

Christos Daglianakis studierte in Köln Rechtswissenschaften und arbeitete von 2001 bis 2004 als Syndikus bei der Kreissparkasse Köln. 2004 gründete er in Köln seine eigene Kanzlei u.a. mit den Schwerpunkten Miet- und Immobilienrecht sowie Zwangsverwaltungs- und Zwangsversteigerungsrecht. 2005 bestallte ihn das Vollstreckungsgericht am Amtsgericht Köln mit der Zwangsverwaltung der Bergstedt-Immobilien in Chorweiler.

Die Vorverwaltung, die noch im Auftrag von Marietta Bergstedt arbeitete, war wenig erfreut über unsere Übernahme. Man hat uns nicht gerade mit Informationen überhäuft. Unsere größte Herausforderung war, die Wohnungen aus den vorhandenen Mieteinnahmen wieder so herzurichten, dass sie in einen vermietbaren Zustand versetzt wurden. Gleichzeitig wurden wir vom Bauamt mit Ordnungsverfügungen in Bezug auf in der Vergangenheit nicht umgesetzte Brandschutzmaßnahmen überzogen, für die ebenfalls die vorhandenen Mieteinnahmen herhalten mussten. Eine weitere Herausforderung war, das Vertrauen der Mieter zurückzugewinnen, da man sie in der Vergangenheit mit Ihren Problemen weitestgehend allein gelassen hatte und der Frustfaktor groß war. Wir mussten schnell eine schlanke Organisationsstruktur mit einer festen Hausmeister- und Handwerkertruppe zusammenstellen, die in der Lage war, Mietmängel schnellstmöglich zu beheben, ohne unsere Zahlungsfähigkeit zu verlieren.

Die Wohnungen waren öffentlich gefördert. Die Eigentümerin hatte es versäumt, frühzeitig in die Immobilie zu investieren. Es gab eine Vielzahl an Brandschutzmängeln, es gab regelmäßig Dachundichtigkeiten, Rohrbrüche, Ausfälle der Aufzüge. Die Spielplätze (in Besitz der Stadt) waren in schlechtem Zustand, die Parkhäuser hatten massive Undichtigkeiten, die Tore funktionierten nicht und waren stillgelegt. Die Fenster waren überaltert, die Wärmedämmung war in keinem guten Zustand usw. usw. Zudem gab es viele Vandalismusschäden. So wurde etwa regelmäßig in den Aufzügen uriniert, die Parkhäuser und Treppenhäuser wurden permanent für Drogenhandel genutzt. Als sich die Vermietungssituation verbesserte, konnten wir mit einem Security-Dienst und durch die Anbringung von Kameras in den Aufzügen weiteren Schäden entgegenwirken. Letztlich konnten wir die Situation in den Wohnungen sowie in den Gemeinschaftsbereichen im Rahmen unserer finanziellen Mittel so verbessern, dass die dort lebenden Menschen ein menschenwürdiges Leben leben konnten. Am Ende unserer Tätigkeit hatten wir Vollvermietung, und die Leute standen in unserem Mieterbüro Schlange, um sich in die Liste der Mietsuchenden einzutragen. Dank unserer Maßnahmen sanken auch die Nebenkosten wie z. B. Versicherungen signifikant.

Aber nicht alles war möglich. So bekamen wir von Stadt oder Land leider nicht die finanziellen Mittel für eine wirklich umfangreiche Sanierung, da ja immer die Gefahr bestand, dass über die Zwangsversteigerung ein fremder Nutznießer die Investitionen einheimsen könnte. Bei einer Versteigerung weiß man nie, wer den Zuschlag bekommt und ob dieser die Anlage verbessern wird. Wäre eine „Heuschrecke" zum Zug gekommen, dann wären die Zustände wieder auf den Stand vor der Zwangsverwaltung zurückgefallen, die Wohnsituation hätte sich wieder verschlechtert. Ein seriöser Investor hingegen hätte nach einer gründlichen Sanierung langfristig auch die Mieten moderat anheben können. Wegen der Unsicherheiten empfand ich persönlich eine Zwangsversteigerung nicht als die beste Lösung für die Menschen vor Ort. Der freihändige Verkauf an die GAG war demgegenüber begrüßenswert. Nun war ein Eigentümer gefunden, der die Möglichkeiten hat, die Anlage mit eigenen Mitteln, aber auch über andere öffentliche Fördertöpfe zu sanieren.

Ich habe noch Kontakt zu einzelnen Mietern und vereinzelt auch zu den damaligen Hausmeistern. Es wird nach und nach immer mehr in die Immobilie investiert, die Zustände werden allmählich verbessert. Ob das vorgelegte Tempo (seit 2016) als schnell betrachtet werden kann, müssen diejenigen bewerten, die auch die damit verbundenen Hintergründe kennen. Eines können wir allerdings festhalten: Ein vergleichbarer Vorgang ist mir noch nicht untergekommen, er könnte in Zukunft aber Schule machen.

„Angesichts seiner Probleme ist Chorweiler sehr friedlich"

Sigrid Heidt, Sozialarbeiterin

Sigrid Heidt absolvierte 1977 und 1979 zwei halbjährige Praktika als Sozialarbeiterin in Chorweiler. Ab 1983 arbeitete sie fest im Sozialraumbüro Chorweiler, das von der katholischen Kirche getragen wird. Nicht zuletzt die 2008 gegründete Chorweiler Mieterkontaktstelle, die seitdem viele Verbesserungen in den Wohnungen auf den Weg bringen konnte, geht auf Sigrid Heidt zurück. 2017, nach 34 Jahren als Sozialarbeiterin, wurde sie pensioniert.

Die Wohnraumsituation hat mich sehr lange belastet. Schwarzer Schimmel an den Wänden, Rohrbrüche und defekte Aufzüge waren Alltag für die Bewohner. Ältere, gehbehinderte Menschen kamen aus ihren Wohnungen gar nicht mehr raus, weil sie nicht zig Stockwerke durchs Treppenhaus laufen konnten. Und diese Treppenhäuser wiederum lagen oft im schummrigen Abseits und waren stark von Vandalismus betroffen. Das war der alltägliche, ganz normale Wahnsinn.

Die Bergstedt-Wohnungen wurden über Jahre vernachlässigt, schon vor der 2005 eingesetzten Zwangsverwaltung. Es war immer ungeheuer schwer, etwas zu bewegen. Das fängt schon damit an, dass man keinen Ansprechpartner hat, wenn das Haus einem Investor gehört. Man rödelt über Jahre, aber es passiert absolut nichts. Wenn man den Verwalter mal erreichte, behauptete er in der Regel ungeprüft, die Leute sind selber schuld. Aber beschlagene Fenster und schimmelnde Wände, das ist unter anderem eine bauliche Frage: Wenn Sie nur Fenster zu einer Seite haben, können Sie nicht querlüften.

Weil die Mängel in den Wohnungen überhandnahmen, haben wir 2008 die Mieterkontaktstelle gegründet. Der Zwangsverwalter kann nur im Rahmen seines Budgets handeln. Und das war so gering, dass die Mängel bestehen blieben. Wir sind in die Wohnungen gegangen, haben die Schäden dokumentiert und öffentlich gemacht. Nicht zuletzt die Präsenz in den Medien hat uns mehr Einfluss verschafft.

Die Arbeit in Chorweiler war eine stete Herausforderung, das hat mir gefallen. Ich war hier sozusagen zu Hause, ich habe hier gelebt. Über viele Jahre, Jahrzehnte, habe ich täglich acht Stunden hier verbracht. Einer meiner Lieblingsorte war immer die Kirche unseres Trägers Hl. Johannes XXIII., die direkt neben unserem Büro am Pariser Platz liegt. Durch die großen Fenster überschaut man alles, die Welt wird sozusagen in die Kirche geholt.

Ich bin hier nie bedroht worden, hatte nie Angst. Gerade angesichts seiner Probleme ist Chorweiler sehr friedlich. Man freut sich, hier Menschen zu treffen, die glücklich sind. Oder Menschen, von denen man lernen kann, mit schwierigen Lebenssituationen umzugehen und nicht zu resignieren. Andersherum nimmt man mit, dass man von den Menschen hier wertgeschätzt wird, dass sie uns vertraut haben.

Viele Menschen wissen nicht, wie sie mit ihrem Geld überleben sollen. Selbst jene, die arbeiten gehen, verdienen oft zu wenig, um davon existieren zu können. Und dann kommt die Hartz-IV-Bürokratie mit all ihren Hürden und Anträgen, die auch nicht jeder versteht.

Mir ging es immer darum, etwas zu verändern, damit es den Leuten gut geht und sie eine Perspektive für die Zukunft haben. Ich finde nach wie vor, dass Finanzinvestoren hier nichts verloren haben! Wohnungen dürfen keine Spekulationsobjekte sein. Noch immer sind über 640 Wohnungen in der Hand von Investoren, die sich um nichts kümmern und die Häuser verwahrlosen lassen.

„Ich hatte nie Angst in Chorweiler"

Maria Moldovanov, Anwohnerin

Maria Moldovanov zog 1976 in die Osloer Straße 3. Ihre vier Kinder sind inzwischen ausgezogen. Sie selbst wechselte lediglich vom siebten in den elften Stock des Hauses.

Ich stamme aus dem Hunsrück und bin 1967 mit 15 nach Köln gekommen. Damals habe ich bei den Nonnen in Niehl gewohnt und machte eine Ausbildung zur Krankenschwester. Anfangs war ich sehr einsam, sehr traurig. Aber ich habe mich schnell eingefunden, inzwischen fühle ich mich als kölsches Mädchen. Köln ist mein Zuhause, Chorweiler ist mein Viertel. Mit meinem Mann und unserem ersten Kind haben wir zunächst in einem Mülheimer Altbau gewohnt. Wir hatten kein Badezimmer, kein Warmwasser, und geheizt wurde mit Klütten. Chorweiler war für uns supermodern, das waren Neubauten mit kompletter Ausstattung. Also sind wir 1976 hier hingezogen.

    Als Ende des letzten Jahrtausends die Neue Heimat pleiteging, übernahm zuerst die LEG, die Landesentwicklungsgesellschaft NRW, die betroffenen Häuser. Die waren anders, kühler, da fehlte das Menschliche. Und mit Frau Bergstedt ging es endgültig bergab. Meines Erachtens war die eiskalt, die hat uns Mieter abgezockt, die Kohle kassiert und nichts gemacht. Vor Weihnachten war mal drei Wochen der Aufzug kaputt. Reparaturen in der Wohnung wurden gar nicht mehr ausgeführt. Unter der Zwangsverwaltung passierte dann endlich wieder was. Man konnte anrufen, die hatten ein offenes Ohr und haben im Rahmen ihrer Möglichkeiten geholfen. Damals wollte ich umziehen, in eine kleinere Wohnung, aber unbedingt hier im Haus bleiben. Und schwupps, bekam ich eine Zwei-Zimmer-Wohnung im elften Stock. Als die GAG die Häuser kaufte, war ich froh. Wir hatten alle Angst, dass womöglich wieder so eine

Bergstedt-Heuschrecke zum Zug kommt. Dann wäre hier alles den Bach runtergegangen. Natürlich haben wir jetzt den Krach um die Ohren, weil lange umgebaut und saniert wird. Aber was soll's, dafür gibt es neue Aufzüge. In meiner Wohnung wurde das Badezimmer komplett überholt, demnächst bekommen wir neue Fenster, Wohnungstüren und Flure. Und die Fassaden werden schon gesandstrahlt und bald neu gestrichen.

Wenn in Chorweiler irgendwas passiert, geht sofort das Gezeter los: Typisch Chorweiler und so. Da kriege ich immer so einen Hals! Diese Leute sollen doch erstmal hier hinkommen, hier leben und sehen, wie es hier läuft! Diese Vorurteile kommen immer von außen, so schlecht ist es hier gar nicht. Wir haben alles, was wir brauchen: ein Einkaufszentrum, Altenheime, Kindergärten und mehr Parks als viele andere Kölner Stadtteile. Hier wohnen halt ein paar Bekloppte, na ja. Manchmal denke ich: Du könntest auch mal Guten Tag sagen. Aber mit den meisten Nachbarn habe ich, damals wie heute, ein richtig gutes Verhältnis. Und es gibt auch viele Engagierte, die was aus Chorweiler machen wollen.

Ich kann mich noch an den alten Minigolfplatz auf dem City-Center erinnern. Meine Kinder waren da oft. Soweit ich weiß, sind da jetzt Imker zugange, und auch ein Taubenhaus soll kommen. Wenn ich was zu sagen hätte, würde ich als erstes den Eingangsbereich der Häuser aufpeppen. Wie lange sind weiße Häuser weiß? Auch unsere Flure sind einfarbig weiß, das sieht aus wie im Krankenhaus. An die Klingeln müsste außerdem eine Kamera, damit man sieht, wer rein will. Aber gut, vielleicht kommt das ja jetzt alles noch.

Auch wenn mir das keiner glaubt: Ich hatte nie Angst in Chorweiler. Ich fühle ich mich wohl hier und kenne viele Leute.

Mit den zwei Zimmern komme ich gut aus. Vor allem liebe ich meinen Balkon. Im Sommer ist der bepflanzt, das ist mein Garten. Weil er nach Norden raus liegt, habe ich erst ab nachmittags Sonne, aber dafür ist es hier an heißen Tagen auch nicht zu warm. Das Schönste ist die Weite hier im elften Stock: Ich sehe Dormagen, und bei gutem Wetter reicht der Blick bis nach Leverkusen rüber. Meine vier Kinder verstehen auch nicht so richtig, warum ich hier immer noch wohne. Von denen ist keiner in Chorweiler geblieben. Aber ich bin über die Jahre eine echte Lokalpatriotin geworden. Wenn irgendwo „En unserem Veedel" von den Bläck Fööss läuft, dann denke ich dabei an Chorweiler, ganz klar.

„Wenn es ans Eingemachte geht, tauchen viele unter"

Jochen Ott, Kölner Landtagsabgeordneter und damals Aufsichtsratsvorsitzender der GAG

Jochen Ott war von 2001 bis 2019 Vorsitzender der Kölner SPD und ist seit 2010 Abgeordneter im Landtag NRW. 2004 übernahm er das Amt des GAG-Aufsichtsratsvorsitzenden, das er bis 2021 innehatte.

In Chorweiler habe ich Menschen kennengelernt, die unter den dortigen Bedingungen extrem gelitten haben – Mütter, die Angst um ihre Kinder hatten, alte Leute, die nicht mehr aus ihrer Wohnung kamen. Mir war klar: Wir müssen diesen Menschen eine Stimme geben.

Mein Interesse an Chorweiler erklärt sich nicht zuletzt aus meiner eigenen Biografie. Ich bin in Höhenberg aufgewachsen, in meiner Schulzeit stieg der Anteil der sogenannten „Brennpunktkinder". Als in den 1980er Jahren die Schließung der Fabriken in Kalk begann, wurden die sozialen Verwerfungen immer deutlicher. „Wir sind das Armenhaus von Köln", sagte der Höhenberg-Vingster Pfarrer Meurer dann Anfang der 90er Jahre. Und da hatte er recht. Die De-Industrialisierung machte sich in allen Bereichen bemerkbar.

In Höhenberg wurde ich mit Anfang 20 SPD-Vorsitzender, bald darauf Vorsitzender der Kölner SPD und 2004 Aufsichtsrat der GAG. Als Marietta Bergstedt 2005 pleiteging, war ein Ankauf der 1.211 Wohnungen durch die GAG noch kein Thema. Im Aufsichtsrat ging es damals nach dem Gott sei Dank gescheiterten Verkauf der GAG vorrangig um die Modernisierung der historischen GAG-Siedlungen. Aber spätestens zur Kommunalwahl 2009 war klar, dass sich Chorweiler und die anderen Hochhaussiedlungen zu einer großen sozialen Herausforderung auswachsen. Vereinsamung, Verwahrlosung, Kriminalität und Extremismus – das waren die Themen. Die Frage stand also im Raum: Wie kann man so einen Stadtteil aufwerten? Und die Antwort lag für mich auf der Hand: Die GAG ist in solch einer Situation der geborene Partner. Wenn jemand diese Probleme lösen kann, dann ein sozial aufgestelltes, kommunales Wohnungsbauunternehmen.

Damals war ich häufig vor Ort, habe mit Sozialarbeitern und jugendlichen Bewohnern diskutiert. In der Politik wiederum war das Thema „Heuschrecken" virulent. Die Wohnungsmärkte waren liberalisiert, die Gemeinnützigkeit war aufgehoben worden. Das Hartz-IV-Modell der Heuschrecken ist halt todsicher: Die Stadt bezahlt die Mieten, und nach ein paar Jahren stößt man den heruntergekommenen Besitz wieder ab. In einer Enquetekommission im Landtag NRW wurde diese Situation aufgearbeitet, Chorweiler diente als ein Beispiel. In dieser Zeit wurde Sigrid Heidt vom katholischen Sozialraumbüro sehr wichtig. Sie hat die Interessen der Bewohner koordiniert, ihnen eine Öffentlichkeit verschafft und immer wieder die Ratsfraktionen angesprochen. Aufsichtsrat und Vorstand der GAG haben sich ein Bild gemacht und sind in die Prüfung eingestiegen. Oberbürgermeister Roters, insbesondere seine Büroleiter Ralf Huttanus und Michael Zimmermann, haben das Thema ebenfalls zu ihrer Sache gemacht. Wäre der Bergstedt-Bestand in die Fänge einer Heuschrecke geraten, hätte die Verwahrlosung weiter zugenommen. Wer es sich hätte leisten können, wäre fortgezogen, nur die „Mühseligen und Beladenen" wären übriggeblieben.

Als langjähriger Aufsichtsrat hatte ich durchaus auch die Kleinaktionäre im Blick. Jedenfalls jene, die die Satzung und den sozialen Auftrag der GAG kennen. Zudem ging es uns in Vorstand und Aufsichtsrat nie um kurzfristige Gewinnmaximierung, sondern um den langfristigen Ertrag. Wenn ich zurückblicke, war der Umgang der Kleinaktionäre mit mir eine bodenlose Frechheit – persönliche Beleidigungen und Diffamierungen in einem mir bis dato nicht gekannten Ausmaß. In diesen Jahren habe ich gelernt, was Gier aus Menschen macht.

Der Abschlussbericht zur Sonderprüfung wurde im Januar 2022 vorgelegt. Bis dahin wäre ich gern noch im Aufsichtsrat verblieben. Leider wollte das weder die Kölner SPD-Ratsfraktion unter neuer

Führung noch der Rat selbst. Und so musste ich schon Ende September 2021, kurz vor der endgültigen Entscheidung, als AR-Vorsitzender ausscheiden. Die Sonderprüfung war so oder so ein voller Erfolg. In allen Punkten wurde bestätigt, dass Vorstand und Aufsichtsrat korrekt gehandelt haben. Natürlich ist das Projekt Chorweiler nicht immer rund gelaufen in der Zeit nach der Bergstedt-Pleite. Viele Leute hauen dir nachher auf die Schulter und erzählen dir, wie toll sie dein Engagement finden, und angeblich waren immer alle dafür. Aber wenn es dann ans Eingemachte geht, tauchen viele unter. Nehmen wir die Landesministerien, den Kölner Rat oder die NRW.Bank: Da lief doch alles sehr, sehr abwartend. Für ein solches Mammutprojekt brauchst du ein paar Leute, die richtig anpacken, die Mut haben, hartnäckig an der Sache dranbleiben und Knoten lösen können. Dabei denke ich an Menschen wie GAG-Vorstand Uwe Eichner, an das damalige Kölner OB-Büro oder auch an Dorothee Schneider, die damalige Amtsleiterin der Kämmerei. Ihre Fachexpertise war einfach großartig, die Idee des Betrauungsaktes geht komplett auf ihr Konto. Wahr ist auch: Ohne Martin Börschel, der dies als Vorsitzender der SPD-Mehrheitsfraktion durchgesetzt hat, wäre es nicht gegangen.

In Chorweiler bin ich noch immer häufig. Die großen Plätze wurden alle mit Hilfe der Förderung von Bund und Land erneuert – ein starkes Zusammenspiel der örtlichen Abgeordneten. Heute könnte man vor allem für die Jugendlichen noch einiges tun. Ich würde mir wünschen, dass aus dem Dach des City-Centers wieder eine Dachterrasse, ein Veedelstreff wird. Schließlich wurde da einst sogar Minigolf gespielt!

Was wir in Chorweiler gestemmt haben, könnte zum Modell für andere Hochhaussiedlungen werden – deutschlandweit. Dafür müssten Bund und Land allerdings Töpfe für zukünftige Ankäufe vorhalten. Und dafür muss der Bundesgesetzgeber sicherstellen, dass Vorständen und Aufsichtsräten, die solche Projekte anschieben, mehr Freiräume ermöglicht werden und sie sich nicht selbst ökonomisch gefährden. Wer Stadtteile rettet, sollte ein Held sein und kein Verbrecher.

„Chorweiler ist ein Seismograf"

Albert Sahle, Wohnungsunternehmer

Albert Sahle leitet Sahle Wohnen in zweiter Generation. Das Wohnungsunternehmen aus dem westfälischen Greven beschäftigt rund 1.200 Mitarbeiter und besitzt, vermietet und betreut bundesweit mehr als 23.000 Wohnungen. In Chorweiler waren die Sahles Bauherren der ersten Stunde: Ihre Häuser dort haben sie Anfang der 1970er Jahre in Eigenregie hochgezogen. Bis heute gilt ihre Hausverwaltung als vorbildlich.

Ich war noch Student, als mein Vater in Chorweiler aktiv wurde. Anfangs waren die Wohnungen dort durchaus begehrt. Schließlich waren sie modern ausgestattet: mit Aufzügen, fließend Warmwasser und Zentralheizung – das war damals noch lange nicht Standard in Köln.

Aber Chorweiler hatte mit Geburtsfehlern zu kämpfen. Ganz falsch war etwa, den gesamten Wohnraum dort öffentlich zu fördern. Dadurch hat sich nie eine soziale Durchmischung entwickelt. Für die Erlaubnis, unsere Häuser auch für Selbstverdiener zu öffnen, mussten wir kämpfen. Aber es hat sich gelohnt. Bei uns zogen dann auch Ärzte ein – und viele Ford-Arbeiter, die Autowerke sind ja nicht weit. Der große Abstieg des Stadtteils kam mit der Pleite der Neuen Heimat. Da haben sich dubiose Firmen eingekauft, die nichts investierten und ihre Bestände verkommen ließen. Dazu gehörte dann auch Marietta Bergstedt, obwohl die keine typische Heuschrecke war. Die hat sich diese 1.211 Wohnungen aufschwatzen lassen, obwohl sie sich das damals gar nicht leisten konnte.

Wäre es tatsächlich zu einer Zwangsversteigerung gekommen, wir hätten mitgeboten – mitbieten müssen! Das tut man sich nicht gerne an, so völlig desolate Wohnungen zu sanieren. Aber wir hätten investieren müssen, weil wir die unmittelbaren Nachbarn waren.

Wenn das Umfeld nebenan verwahrlost, bekommst du selbst auch keine vernünftigen Mieter mehr. Ich habe immer gesagt: Wir können hier der Leuchtturm sein, der sich um seine Häuser kümmert; aber wenn das so weiterläuft, werden wir von der Verslumung überrollt und gehen mit unter. Deshalb waren wir ein großer Befürworter der GAG-Übernahme. Da sollte sich Köln im Übrigen beim damaligen Wohnungsamtsleiter Michael Schleicher bedanken. Der hat den Kauf jahrelang vorangetrieben. Die Übernahme der Bergstedt-Häuser war für die GAG ein sinnvolles Geschäft, keine Frage. Und für Chorweiler war sie nichts weniger als überlebensnotwendig!

Wir kommen vom Land, Hochhäuser gibt es bei uns praktisch gar nicht. Aber so ein Hochhaus ähnelt letztendlich einem kleinen westfälischen Dorf: 220 Haushalte auf engstem Raum, das kommt hin. Und wie ein Dorf soll es auch funktionieren. Wichtig ist, dass sich eine echte, gute Nachbarschaft entwickelt. Wenn die Menschen sich kennenlernen, ziehen Toleranz und Hilfsbereitschaft in so ein Hochhaus ein. Die soziale Kontrolle durch die Bewohner ist viel effektiver als etwa eine Concierge – obwohl wir das auch mal probiert haben.

Der Mieter sollte sich nicht nur auf seine eigenen Räume beschränken. Erst wenn er auch die Flure, das Treppenhaus und die allgemeinen Räumlichkeiten als seinen Wohnraum begreift, funktioniert Nachbarschaft wirklich. So sehen wir das jedenfalls bei Sahle. Dafür haben wir von Anfang an Gemeinschaftsräume, Kinderspielkeller und Ähnliches eingeplant, auch die Mietergärten vor den Häusern sind aus diesem Leitbild hervorgegangen. Der Mieter ist nicht nur irgendwer, der uns Geld überweist. Sondern der ist auch unser Kunde, den wir zufriedenstellen müssen.

Früher, und zum Teil ja heute noch, haben die Frauen die Wohnung gehütet – als klassische Hausfrauen. Wenn die sich untereinander verstanden, hattest du schon ein starkes soziales Korsett am Start. Die Frauen waren wichtig, und ebenso eine solide Belegungspolitik. Wenn du in einem Flügel Senioren und kinderreiche Familien unterbringst, sind die Probleme vorprogrammiert. Dann toben die Kinder durchs Treppenhaus, wenn nebenan der Senior

Mittagsschlaf machen will. So geht das nicht, da muss man drauf achten. Ich kann beide Seiten verstehen. Ich bin siebenfacher Opa und liebe meine Enkel. Aber nach zwei Stunden spielen ist auch gut. Dann bin ich froh, sie wieder an ihre Eltern abzugeben.

Greven ist 170 Kilometer entfernt von Köln, aber wir waren in Chorweiler immer präsent. Unser Büro am Uppsalasteig ist gut besetzt, bis heute. Und wir werden unseren Bestand dort auch nicht verkaufen. Die Häuser in Chorweiler sind so etwas wie der Seismograf unserer Arbeit. Ich wusste immer: Wenn wir es in Chorweiler schaffen, dann schaffen wir es überall. Dann ist Sahle ein gutaufgestelltes Wohnungsunternehmen.

Chronik

18.3.1913	Die Gemeinnützige Aktiengesellschaft für Wohnungsbau (GAG) wird gegründet.
1920er	Erste Pläne für eine „Neue Stadt" im Kölner Norden.
1957	Unter dem Motto „Urbanität durch Dichte" wird die „Neue Stadt Köln-Chorweiler" ausgerufen.
1970er	In Chorweiler entstehen unter der Regie der gewerkschaftseigenen Wohnungsbaugesellschaft Neue Heimat rund 6.200 Wohnungen.
1980er	Die Idee der Neuen Stadt bekommt erste Risse. Hochhaussiedlungen sind out.
1998	Abwicklung der Neuen Heimat; 1.211 der zum Verkauf stehenden Wohnungen erwirbt Marietta Bergstedt aus Syke bei Bremen. Sie schöpft die Mieten ab, ohne zu investieren, die Wohnungen verwahrlosen zusehends.
2005	Pleite von Marietta Bergstedt, Anordnung einer Zwangsverwaltung über ihre Wohnungen.
2009	Nach gescheiterten Verkaufsversuchen Einleitung des Zwangsversteigerungsverfahrens durch Zwangsverwalter und Rechtsanwalt Christos Daglianakis; erste Ankaufpläne seitens der GAG.
18.1.2012	Erster geplanter Termin für eine Zwangsversteigerung; wie die weiteren wird auch dieser auf Betreiben der Stadt Köln verschoben.

12/2012	Rechtsanwalt Rolf Leithaus stellt im Namen der Stadt einen Insolvenzantrag über das Vermögen von Marietta Bergstedt.
14.1.2013	Das Insolvenzgericht Syke setzt als Insolvenzverwalter Christian Willmer ein.
15.1.2013	Der finale Versteigerungstermin war auf den 18. Januar 2013 festgesetzt. Insolvenzverwalter Willmer beantragt die vorläufige Einstellung des Zwangsversteigerungsverfahrens.
17.1.2013	Das Gericht in Syke genehmigt den Antrag.
2014	Die Kaufpläne von Stadt Köln und GAG werden konkreter. Die GAG soll die 1.211 Wohnungen im Rahmen eines „Betrauungsaktes" erwerben. Es gibt massive Proteste der GAG-Kleinaktionäre.
23.6.2015	Der Kölner Rat beschließt die Betrauung der GAG mit dem Kauf der Bergstedt-Wohnungen. Die GAG beginnt mit dem Aufkauf von Grundbuchschulden, insgesamt gut 30 Gläubiger müssen ausgezahlt werden.
2.5.2016	Der Kaufvertrag wird unterzeichnet. Für 47,1 Millionen Euro gehen die 1.211 Wohnungen in den Besitz der GAG über. Erste Sanierungsmaßnahmen werden eingeleitet.
2017	16 GAG-Aktionäre klagen beim Landgericht Köln auf Sonderprüfung des GAG-Deals.
11.7.2018	Das Landgericht Köln ordnet eine Sonderprüfung des Geschäftsjahres 2016 bei der GAG an.

17.8.2018	Beschwerde des GAG-Vorstands gegen den Beschluss des Landgerichts.
20.2.2019	Das Oberlandesgericht Köln weist die Beschwerde ab; gerichtliche Bestellung des Sonderprüfers Michael Wahlscheidt.
12.1.2022	Der Abschlussbericht des Sonderprüfers liegt vor. Die Kritik der Kleinaktionäre wird zurückgewiesen. Der GAG-Vorstand habe „nicht entgegen dem Wohle der Gesellschaft gehandelt". Der Kauf der 1.211 Wohnungen war rechtmäßig.
2028	Geplanter Abschluss aller Sanierungen der 1.211 Wohnungen.

Nachwort

Als ich sechs Jahre alt war, sind wir von Klettenberg nach Meschenich gezogen. Im ersten Schuljahr konnten mein Bruder und ich vom gemeinsamen Kinderzimmer aus den Dom sehen. Im zweiten nicht mehr, da stand dann der Kölnberg dazwischen, die Hochhaussiedlung.

Das ist nun ein Weilchen her, aber die Recherchen in Chorweiler haben mir diese Zeit zurückgebracht. Über die weiten Plätze und durch die Straßenschluchten dort zu laufen, generiert zwiespältige Gefühle. An einem schlechten Tag fühlt man sich einfach nur klein angesichts dieser gleichförmigen Hochhäuser, auf diesem grauen Asphalt und zwischen den vielen anonymen Menschen. An einem guten Tag jedoch ist Chorweiler außerordentlich spannend. Dann wirkt die Kulisse dort wie das Setting für einen Scorsese-Film, und man ist der existenzialistische „lonesome Cowboy", der hier seinem Schicksal gegenübertritt.

Für dieses Buch war ich viele Male in Chorweiler. Manchmal für konkrete Recherchen, für ein Interview etwa, zuweilen aber auch „einfach so". An solchen Tagen ging es mir darum, in die Atmosphäre des Viertels einzutauchen – die Gerüche, Bilder und Menschen wahrzunehmen. Ein Tee im Türkencafé, eine Frikadelle im gigantischen City-Center oder auch mal ein Bier auf einer Ruhebank: Auf die eine oder andere Art wird man Teil dieses Kosmos, dieses heterogenen Wimmelbildes, das sich Chorweiler nennt.

1.211 verwahrloste Wohnungen: Markt und Staat haben in Chorweiler versagt. Der Ankauf des Bestands durch eine städtische Wohnungsbaugesellschaft wiederum ist ein in dieser Dimension einmaliger Vorgang in der Geschichte der Bundesrepublik. Deshalb war ich von der Idee, darüber ein Buch zu schreiben, sofort begeistert. Als Journalist habe ich versucht, die Geschehnisse seit der Bergstedt-Pleite objektiv nachzuerzählen. Aber jeder Leser wird merken, dass ich den Ankauf durch die GAG begrüße.

Meiner alten Heimat Meschenich hat der Kölnberg nicht gutgetan. Einem 3.000-Einwohner-Dorf einen Hochauskomplex für ebenso viele Menschen überzustülpen – das konnte nicht funktionieren. Politiker und Verwaltungsbeamte wohnen normalerweise nicht in Hochhäusern – und schon gar nicht zu viert auf 30 Quadratmetern. Sie fahren auch selten Bus oder Bahn und würden nie mitten in der Nacht den Ebertplatz überqueren. Viele von ihnen haben keinen Schimmer von den Zuständen, die sie regulieren sollen – das ist jedenfalls mein Eindruck. So entstehen soziokulturelle Schieflagen, und so erklärt sich auch der Graben zwischen solchen Amtsträgern und der wirklichen Welt. Wie der Kölnberg, so entstand auch Chorweiler auf der „grünen Wiese". Nun sind sie in der Welt, und wir – alle – müssen das Beste daraus machen.

Viele der Menschen, die sich für Chorweiler eingesetzt haben, waren bereit, mit mir zu sprechen. Dafür möchte ich mich ganz herzlich bedanken. Christos Daglianakis etwa hat als gerichtlich eingesetzter Zwangsverwalter der verwahrlosten Häuser eine bedeutende Rolle gespielt. Auch Axel Augustin, engagiertester Gegner des Deals, hat sein Statement beigesteuert – im Wissen, dass ich auf der anderen Seite stehe. Und der Grevener Albert Sahle, dessen Unternehmen in Chorweiler ebenfalls Häuser besitzt, hat mir erklärt, wie man es besser macht als die sogenannten „Heuschrecken". Mein ganz besonderer Dank gilt Sigrid Heidt vom Sozialraumbüro Chorweiler, die sich ihr gesamtes Berufsleben lang für die Verbesserung der Lebensumstände in Chorweiler engagiert hat. Ihre Informationen und Kontakte haben mir sehr geholfen. Am wichtigsten für dieses Buch war sicherlich Jochen Ott, der ehemalige Aufsichtsratsvorsitzende der GAG. Er hat den Kauf der 1.211 Wohnungen über Jahre entscheidend vorangetrieben und meine Arbeit so fachkundig wie empathisch begleitet. Dasselbe gilt für die Mitarbeiter des Greven Verlags.

Was die GAG in Chorweiler leisten kann, wird sich in den nächsten Jahren zeigen. Wie Rom nicht an einem Tag erbaut wurde, renoviert man auch mehr als 1.000 Wohnungen nicht mal eben mit links. So oder so werde ich hin und wieder vorbeischauen. Und spazieren gehen. In Chorweiler.

Informationen zum Autor

Bernd Imgrund wurde 1964 in Köln geboren und lebt dort noch immer. Er war Politikredakteur bei der *StadtRevue* und hat rund 35 Bücher veröffentlicht, darunter der True-Crime-Band *Köln Kriminell*. Seine Interview-Serie „Imgrund im Gespräch" erscheint seit über 15 Jahren in der *Kölnischen Rundschau*.

Bildnachweis

Ralf Berndt: Cover, 90–91
www.grevenarchivdigital.de · Christel Fomm: 6–7, 8–9
www.grevenarchivdigital.de · Kölnische Rundschau ·
Jochen Dziedzic: 10–11, 12–13
www.grevenarchivdigital.de · Kölnische Rundschau: 14–15
Reinhard Matz: 84–85, 86–87
picture alliance/dpa · Henning Kaiser: 88–89
www.grevenarchivdigital.de · Celia Körber-Leupold: 92–93

Impressum

© Greven Verlag Köln, 2023
Lektorat: Wera Reusch, Köln
Gestaltung und Satz: Christina Schmid, Clara Mainetti, Stuttgart
Gesetzt aus der Atlas Grotesk und Founders Grotesk
Lithografie: prepress, Köln
Papier: 90 g/m² Munken Print White
Druck und Bindung: optimal media GmbH, Berlin
Alle Rechte vorbehalten
ISBN 978-3-7743-0966-1

Detaillierte Informationen über alle unsere Bücher finden Sie unter
www.greven-verlag.de